Property of Marion City Schools

School Office Spanish

By Barbara Thuro

Published by

AMMIE ENTERPRISES
P.O. Box 151
Fallbrook, CA 92088-0151

School Office Spanish

Copyright © 1995, 2001

AMMIE ENTERPRISES
P.O. Box 151
Fallbrook, CA 92088-0151

1-800-633-5544
Fax (760) 451-2096

All rights reserved. No part of this publication may be reproduced, stored in a retrieval system or transmitted, in any form or by any means, electronic, mechanical, photocopying, recording or otherwise, without the prior written permission of the publisher.

Printed in the United States of America

Library of Congress Card Catalog Number 95-094882
ISBN 0-032825-07-9

Introduction

This book was prepared to assist principals and school office personnel with the words and phrases needed for successful communication with Spanish-speaking parents and students. Principals will be able to communicate confidently in areas covering discipline, school policy, positive reinforcement, and many other topics. School office staff members will find the vocabulary they need to assist parents in registering students and responding to questions regarding the various aspects of the school program.

Spanish nouns have gender, either masculine or feminine. Most nouns ending in "o" are masculine and most nouns ending in "a" are feminine. The reader will have to select the ending based on the gender of the noun. For example, "teacher" in Spanish is "maestro" if the teacher is a male, and "maestra" if the teacher is female. The word "maestro" is used if referring to any teacher. Adjectives and articles also must agree in gender with the noun. For example, "the black book" would be written "el libro negro," and "the white house" would be written "la casa blanca." The reader will need to select the correct gender for the article and adjective depending on the gender of the noun. In the text, the feminine gender is indicated in ( ).

Adults are addressed in the formal "usted" form. Children are addressed in the familiar "tú" form. The form used in the text is indicated at the top of each section.

Spanish plurals are usually made by adding "s". These also are indicated in ( ). For example, the reader needing a plural ending for the word "book," would see "el (los) libro(s)" and would select the article (los) and add the (s) to "libro" to form "los libros."

The Spanish language differs from region to region. Where appropriate, several choices of words and phrases are given to provide for these regional variations.

Acknowledgments

I wish to thank the following, without whose help this book would not have been possible: Dr. Sharon McClain, principal and Armida Ontiveros, office manager at Central School, Escondido CA; Jose Carlos Delgado, Spanish translator and copy editor; Sarah Weinberg-Scalo, English copy editor; and the many schools that have contributed materials and suggestions for the manuscript.

Pronunciation Guide

Spanish Vowels   **English Pronunciation**

a   "ah" as in father
e (when ending a syllable)   "eh" as in let
e (when a syllable ends in a consonant)   "ay" as in say
i   "ee" as in see
o   "oh" as in open
u   "oo" as in moon
u is silent when preceded by q (que = keh)

Spanish Consonants   **English Pronunciation**

c (followed by a, o, u)   "k" as in come
c (followed by e, i)   "s" as in sun
g (followed by a, o, u)   "g" as in get
g (followed by e, i)   "h" as in hot
h   silent
j   "h" as in has
ll (like English y)   "y" as in yet
ñ   "ny" as in canyon
qu (followed by e, i)   "k" as in king
r and rr   trilled
v   "b" as in boy
z   "s" as in sun
y   "ee" as in see

Spanish Accents

Most words ending in a consonant, except *n* or *s*, are stressed on the last syllable (example: juven**tud**, profe**sor**).

Most words ending in a vowel or *n* or *s* have the stress on the next to the last syllable (example: **cla**se, **te**la, panta**lo**nes).

Words not pronounced according to these rules will have an accent mark on the syllable to be stressed (example: **fá**cil, lec**ción**, tri**án**gulo).

Selected Bibliography & References

Allerheiligen. *Science of Sports Training.* (1994).

Balch, Phyllis A. *Prescription for Nutritional Healing.* NY, NY: Penquinn Group, (2010).

Biddle, Stuart J.H. *European Perspectives on Exercise and Sport Psychology.* (1995).

Bondarchuk, A. P. *Transfer of Training in Sports.* Michigan: Ultimate Athletic Concepts, (2007).

Bondarchuk, A. P. *Transfer of Training in Sports II.* Michigan: Ultimate Athletic Concepts, (2010).

Bondarchuk, A. P. *The Olympian Manual for Strength & Size.* Michigan: Ultimate Athletic Concepts, (2014).

Bompa, T. *Power Training for Sports.* Champaign, Ill.: Human Kinetics, (1995).

Bompa, T. *Theory and Methodology of Training.* Champaign, Ill.: Human Kinetics (1983).

Brody, Jane *Jane Brody's Nutrition Book.* New York, N.Y.: W.W. Norton & Co., (1981)

Brunner, R. & Tabachnik, B. *Soviet Training and Recovery Method.* Sports Focus Publishing, (1990).

Charniga, A. *Weightlifting Technique and Training.* Livonia, Mi.: Sportivny Press, (1992).

Chu, Donald A. *Explosive Power & Strength* Champaign, Ill.: Human Kinetics, (1996).

Daniels, J. Human Kinetics. pp. 80-82. (1991).

Dvorkin, L. *Weightlifting and Age.* Michigan: Livonia Mi.: Sportivny Press, (1992).

Fraley, Bob & Jacoby, Ed *Complete Book of Jumps.* Champaign, Ill.: Human Kinetics, (1995).

Fizkultura *I Spovt, Physical Culture and Sports.* (1985).

Garrison Jr., Robert & Somer Elizabeth. *The Nutrition Desk Reference.* New Canaan, Conn. Kent Publishing, (1995).

Laputin, N. & Valentin, O. *Managing the Training of the Weightlifters.* Livonia Mi.: Sportivny Press, (1982).

Lasorsa Rob. *NTCA Throws Handbook.* Monterey, Ca: Coaches Choice. (2008).

Medvedev. *A System of Multi-Year Training in Weightlifting.* Livonia, Mi.: Sportivny Press, (1989).

Medvedev, A.S. *A Program of Multi-Year Training in Weightlifting.* Livonia, Mi.: Sportivny Press, (1986).

Komi, P.V. *Strength and Power in Sport.* Great Britain, Blackwell Science Ltd, (1992).

Komi & Buskiak. Ergonomics. pp. 15, 417-434. (1972).

Kurz, T. Science of Sports Training. Island Pont, VT: Stadion, (1990).

Laputin, N.P. & Oleshko V.G. *Managing the Training of Weightlifters.* Livonia Mi.: Sportivny Press, (1982).

Roman R.A. *The Training of the Weightlifter.* Livonia Mi.: Sportivny Press, (1986).

Romanov, N., PhD. *The Pose Method of Running.* USA: Pose Tech Press, (2002).

Romanov, N., PhD. *Training Essays Volume 1.* USA: Pose Tech Press, (2006).

Ross, Barry. *Underground Secrets to Faster Running.* Lexington, Ky.: Bear Powered Publishing, (2005).

Sherrington, C. *The Integrative Action of the Nervous System: A Centenary Appreciation.* (1906).

Schmolinsky, G. *Track and Field: The East German Textbook of Athletics.* Toronto, Ontario: Sports Book Publishers, (2006).

Schmolinsky, G. *Track and Field.* Berlin, Germany: Sportverlag, (1982).

Siff, Mel C. *Facts and Fallacies of Fitness.* Denver Co.: Supertraining Institute, (2000).

Siff, M. *Supertraining.* Denver, Co.: Supertraining Institute, (2003).

Siff, M. *Supertraining.* Denver, Co.: Supertraining Institute, (2004).

Silvester, Jay. *Complete Book of Throws.* Champaign, Ill: Human Kinetics, (2003).

Simmons, L. *Westside Barbell Book of Methods.* Ford du Lac, Wi: Action Printing, (2007).

Table of Contents

Introduction	i
Pronunciation Guide	ii
Table of Contents	iii
Welcoming Parents to the School Office	1
Directions	5
Beginning the School Year	7
Registration	9
Residency Requirements	10
Questions on the Registration Form	11
Health Requirements and Forms	13
Immunizations	15
Emergency Information	16
Home Language Survey	18
Class Placement	18
Welcoming the New Student	19
Registration Terminology	20
School Choice Requests	22
Disaster Preparedness	23
Kindergarten	24
Kindergarten Enrollment	24
Kindergarten Orientation	26
Kindergarten Assessment	27
The First Day of School	28
Safety for Kindergartners	28
The Daily Schedule	29
The Yearly Schedule	29
School Holidays	31
School Year Terminology	31
Students in the Office	33
Lunch Concerns	37
Non-Classroom Problems	38
Transportation Problems	39
Lost and Found	40
Praise From the Principal	40
Sending a Student Back to Class	42

Non-Academic Services	45
School Meals	47
Applying for Free and Reduced Price Meals	48
Breakfast and Lunch Program Terminology	50
Bus Transportation	51
Cost of Student Transportation	51
Student Transportation Behavior Requirements	52
Student Transportation Terminology	54
Policies and Procedures	57
Attendance	59
Addressing Parents	59
Addressing Students	61
Attendance Terminology	62
Tardiness	63
Addressing Parents	63
Addressing Students	65
Tardiness Terminology	66
Homework	66
Addressing Parents	66
Addressing Students	67
Homework Terminology	68
Dress Code	68
Student Safety	69
Special Programs for Special Needs	71
Special Education	73
Transportation for Special Education Students	74
Bilingual Education	75
English as a Second Language (ESL)	76
Adult Education Classes	76
Gifted and Talented Education	77
Federal and State Programs	79
Magnet Schools	80
Vocabulary for Students With Special Needs and Abilities	81
Assisting Sick or Injured Children	83
Examining, Questioning and Assisting a Student	85
Injures and Pain	88
Bee Stings	90
Nose Bleeds	91
Bladder Control	91

Blisters	92
Sickness	93
Colds and Flu	93
Fever	94
Nausea	95
Checking for Contagious Diseases	95
Medical Treatment and Medicine	96
Using the Bathroom and Cleaning Up	97
Sending a Student Home	97
Releasing a Student to the Classroom	99
Communicating With Parents About Sick Children	100
Calling Parents About Sick Children	100
Sending Sick Children Home	101
Sending Sick Children to School	102
Health - General Phrases	103
Reporting Student Progress	**107**
Report Cards	109
Parent Conferences	110
Terminology for Reporting Student Progress	112
Student Behavior and Discipline	**115**
General School Rules and Behavior Expectations	117
Discussing Behavior and Consequences With Students	119
Discussing Student Behavior With Parents	120
General Terminology - Discipline and Student Behavior	122
Prohibited Behaviors	124
Articles and Objects Not Allowed on School Grounds	126
Consequences of Inappropriate Behavior	127
Suspension and Expulsion	128
Student Events, Activities and Organizations	**129**
General Information	131
Athletics	131
Vocal and Instrumental Music	132
Field Trips	134
School-Family Picnic	135
Back to School Night	136
School Pictures	137
School Carnival	137
Halloween Activities	138
Winter Holiday Programs	138

Open House	139
Teacher Appreciation Week	140
Terminology for School Events, Activities and Organizations	140
Parent Organizations	143
Ending the School Year	**145**
Student Obligations	147
Planning for the Coming School Year	147
Retention	148
Summer School	149
Last Day of School Activities	150
Saying Good-bye for the Summer	151
Terminology Lists	**153**
General Educational Terminology	155
Schools	155
School District Personnel	156
Student Names	158
Characteristics and Behaviors of Students	159
School Facilities	161
School Subjects	162
Office Terminology	163
Verbs Commonly Used in the School Office	166
The Family and Extended Family Members	167
Directions and Locations	168

Welcoming Parents to the School Office

Welcoming Parents to the School Office
Bienvenida de los padres a la oficina de la escuela
Usted Form

Good morning. (Good afternoon.) (Good evening.)
Buenos días. (Buenas tardes.) (Buenas noches.)

Welcome to _____ School.
Bienvenidos a la escuela _____.

My name is _____.
Buenos días. Me llamo _____.

What is your name?
¿Cómo se llama usted?

Do you speak English?
¿Habla usted inglés?

Do you understand English?
¿Comprende usted inglés?

Do you understand what I am saying?
¿Comprende usted lo que estoy diciendo?

How can I help you?
¿En qué le puedo asistir?

I don't understand. Can you repeat what you said?
No comprendo. ¿Puede repetir lo que dijo?

Can you wait just a moment?
¿Puede esperar un momento?

Please have a seat over there.
Por favor tome asiento allí.

Are you the parents of this child (these children)?
¿Son ustedes los padres de este niño (de estos niños)?

Are you the mother (father)?
¿Es usted la mamá (el papá)?

Are you here to register your child(ren) for school?
¿Está usted aquí para matricular a su(s) hijo(s) en la escuela?

What is this child's name?
¿Cómo se llama este (esta) niño(a)?

How old is he (she)?
¿Cuántos años tiene?

Do you need to see a teacher?
¿Necesita usted ver a un maestro (una maestra)?

The principal can see you now.
El (La) director(a) le puede recibir ahora.

The principal is not available. We will need to set up an appointment.
El (La) director(a) no está disponible. Tendremos que hacer una cita.

Are you here to pick someone up?
¿Está usted aquí para recoger a alguien?

Who are you picking up?
¿A quién va a recoger?

Do you know his (her) grade, teacher and room number?
¿Sabe usted su grado, maestro(a) y el número del salón de clase?

Did someone call you about a sick or injured child?
¿Le llamó alguien en relación a un(a) niño(a) enfermo(a) o lesionado(a)?

Did your child lose something?
¿Perdió alguna cosa su hijo(a)?

Tell me what it looks like.
Descríbamelo.

You may look through the lost and found box to see if it is there.
Usted puede buscar en la caja de objetos perdidos para ver si está allí.

We encourage all children to have their names on anything they bring to school.
Animamos a todos los niños a colocar su nombre sobre cualquier cosa que traigan a la escuela.

The school office is open from 8:00 a.m. to 4:00 p.m., Monday through Friday.
La oficina de la escuela está abierta desde las 8:00 a.m. hasta las 4:00 p.m., de lunes a viernes.

We have (do not have) someone who can translate for you.
Tenemos (No tenemos) una persona que puede traducir para usted.

Does one of your children know enough English to translate for you?
¿Alguno de sus hijos sabe suficiente inglés para traducir para usted?

Thank you for your help.
Gracias por su ayuda.

Excuse me, please.
Perdóneme por favor.

Thank you very much.
Muchas gracias.

Directions
Instrucciones
Tú and Usted Forms

Do you know where the _____ is?
¿Sabes (Sabe) dónde está el _____ ?

Do you know how to get there?
¿Sabes (Sabe usted) cómo llegar?

Here is a map of the school.
Aquí tienes (tiene) un mapa de la escuela.

This mark shows where you are now.
Esta marca indica dónde te encuentras (se encuentra usted) ahora.

I will mark the classroom (restroom) for you.
Te (Le) señalaré el salón de clase (cuarto de baño).

This is a big campus.
Este es un campus grande.

_____ will help you find the room you are looking for.
_____ **te (le) ayudará a encontrar el salón que estás (está) buscando.**

It's easy to find.
Es fácil de encontrar.

It's not far.
No está lejos.

This way, please.
Por aquí, por favor.

That way, please.
Por allá, por favor.

Go straight ahead.
Ve (Vaya) adelante.

Turn to the left (right).
Da (Dé) vuelta a la izquierda (derecha).

Beginning the School Year

Beginning the School Year
El comienzo del año escolar
Usted Form

Registration
La matriculación

Is this the child (Are these the children) you are registering?
¿Es este el (la) niño(a) (Son estos los niños) que usted está matriculando?

Please tell me the name and age of each child.
Por favor dígame el nombre y la edad de cada niño.

This registration packet contains the forms you will need to fill out.
Este paquete de matriculación contiene los formularios que usted deberá llenar.

Please sit here and fill out these forms.
Por favor, siéntese aquí y llene estos formularios.

You will need to complete all the information on the forms.
Usted deberá completar toda la información en los formularios.

You may fill out the forms now or take them home and return them tomorrow.
Usted puede llenar los formularios ahora o llevarlos a casa y traerlos mañana.

Please fill out both sides.
Por favor, llene los dos lados.

Please sign this form at the bottom.
Por favor, firme este formulario en la parte inferior de la página.

Have your child return this form to the teacher.
Haga que su niño(a) devuelva este formulario a su maestro.

Please mark what applies to you or your child.
Por favor, marque lo que se refiere a usted o a su niño(a).

We need to see a birth or baptismal certificate.
Necesitamos ver un certificado de nacimiento o de bautismo.

Residency Requirements
Los requisitos de residencia

No student is permitted to attend a school if he or she does not live within the boundaries of the school.
A ningún estudiante se le permite asistir a una escuela si no vive dentro de los límites de la escuela.

You must provide us with proof that you live within the school's boundaries.
Usted nos debe proporcionar pruebas de que reside dentro del límite de la escuela.

You may use any of the following as proof of residence: rent receipts, utility bills addressed to an address within the school boundaries, voter registration certificate, driver's license, vehicle registration, tax receipts or a notarized statement from your landlord.
Usted puede usar cualquiera de los siguientes documentos como prueba de residencia: recibos de alquiler, cuentas de luz o teléfono dirigidas a una dirección que está dentro del límite de la escuela, certificado de registro para votar, licencia de manejar, matrícula del automóvil, recibos de los impuestos o una declaración notarizada de su arrendador.

The district requires two residence affidavits.
El distrito requiere dos declaraciones juradas de residencia.

All registration information will be verified by the school.
Toda información de la matrícula será verificada por la escuela.

If residency requirements are not satisfied, the child's enrollment will terminate upon notification of the parent or guardian.
Si los requisitos de residencia no se satisfacen, la matrícula del niño finalizará cuando se notifique al padre o al guardián legal.

If you live out of the area, you may obtain a special permit to attend this school.
Si usted vive fuera del área puede obtener un permiso especial para asistir a esta escuela.

These permits are given only for special circumstances, however.
Sin embargo, estos permisos se conceden solamente para circunstancias especiales.

If this school does not have room for your child(ren), an assignment will be made to another school.
Si esta escuela no tiene plazas disponibles para su(s) hijo(s), se le(s) asignará a otra escuela.

Please complete this Residency Declaration and sign it at the bottom.
Por favor llene esta declaración de residencia y fírmela en la parte inferior de la página.

Questions on the Registration Form
Preguntas sobre el formulario de matrícula

What is your complete name?
¿Cuál es su nombre completo?

What is your address (city, zip code)?
¿Cuál es su dirección (ciudad, código postal)?

What is your telephone number, including area code?
¿Cuál es su número de teléfono, incluyendo el código de área?

Where do you work (or your husband)?
    place
    address
    telephone
¿Dónde trabaja usted (o su esposo)?
    nombre de lugar
    dirección
    teléfono

What is the name of the child you are registering? last, first, initial (of mother's last name)
¿Cómo se llama el (la) niño(a) que usted está matriculando? apellido, nombre, inicial (del apellido de la madre)
(Hispanics frequently use the mother's last name or initial rather than a middle name.)

Where was he (she) born? (city and state)
¿Dónde nació? (ciudad y estado)

When was he (she) born? (month, day, year)
¿Cuándo nació? (mes, día, año)

Do you have verification of your child's birth date?
¿Tiene usted prueba de la fecha de nacimiento de su niño(a)?

We need to see a birth or baptismal certificate.
Necesitamos ver un certificado de nacimiento o de bautismo.

Do you have legal custody of the child?
¿Tiene usted custodia legal del niño (de la niña)?

Is there a restraining order against anyone regarding this child?
¿Hay una orden inhibitoria (una orden de restricción) contra cualquier persona en relación a este(a) niño(a)?

In what grade is the child?
¿En qué año está el (la) niño(a)?

Where did your child last attend school?
¿Cuál fue la última escuela a la que asistió su niño(a)?

Was your child participating in any special programs at the previous school?
¿Participó su hijo(a) en algún programa especial en la escuela anterior?

Did he (she) go to school in Mexico? (Puerto Rico, Cuba)
¿Fue a la escuela en México? (Puerto Rico, Cuba)

We would like to see report cards from the previous school.
Nos gustaría ver las tarjetas de calificaciones de las escuela anterior.

Does the child live with his (her)
    mother
    father
    stepmother
    stepfather
    other?

¿Vive el (la) niño(a) con su
    madre
    padre
    madrastra
    padrastro
    otro?

How many other children do you have?
¿Cuántos hijos más tiene usted?

Are there other children in your family in school?
¿Tiene otros niños de su familia en la escuela?

What are their names?
¿Cómo se llaman?

What grades are they in?
¿En qué año están?

What are their birth dates?
¿Cuáles son las fechas de nacimiento?

Do they live with you or not?
¿Viven con usted o no?

Is this child in foster care?
¿Se encuentra este(a) niño(a) en un hogar transitorio?

Health Requirements and Forms
Los requisitos y los formularios de salud

A physical examination completed by a doctor or clinic is required for any child entering first grade.
Se requiere un examen físico realizado por un doctor o una clínica para cualquier niño admitido al primer grado.

Please fill out this Health Information Form giving your child's medical history, childhood diseases and immunization dates.
Por favor llene este impreso sobre la salud de su hijo(a), dando detalles del historial médico del niño, enfermedades de la niñez y fechas de las vacunas recibidas.

Does your child have any disabling or special conditions?
¿Tiene su hijo(a) alguna condición especial o discapacidad?

Does your child have any special health problems such as diabetes, epilepsy, rheumatic fever or other illnesses?
¿Tiene su hijo(a) problemas de salud como diabetes, epilepsia, fiebre reumática u otras enfermedades?

Does your child have any allergies or asthma?
¿Tiene si niño alguna alergia o asma?

What medications is he (she) taking?
¿Qué medicamentos está tomando?

Does your child have any limitations regarding physical activity? What are they?
¿Tiene su niño(a) alguna limitación relacionada a la actividad física? ¿Cuáles son?

Is your child allergic to insect bites? Bee, ant or wasp stings?
¿Es alérgico su niño(a) a las picaduras de insecto? ¿Picaduras de abeja, hormiga o avispa?

Is your child on any medication that has to be taken while at school?
¿Tiene su hijo recetado algún medicamento que tiene que tomar mientras está en la escuela?

Any medication brought to school must be in the original container issued by the pharmacy or drug store.
Cualquier medicamento que traiga a la escuela debe estar en el bote original expedido por la farmacia.

A permission slip signed by the parent is also required.
También se requiere una nota de permiso firmada por los padres.

For safety reasons all medications are stored in the nurse's office.
Por razones de seguridad todos los medicamentos se guardan en la oficina de la enfermera.

Medications may never be kept with the student or in the classroom.
El estudiante nunca debe llevar consigo los medicamentos ni tenerlos en el salón de clase.

Each child is required to have a health check before entering school.
Se requiere que cada niño tenga un examen de salud antes de ser aceptado en la escuela.

This form needs to be completed and signed by the health examiner.
Este formulario debe ser llenado y firmado por el examinador médico.

Registration is not complete until we receive the all the medical information.
La matrícula no está completa hasta que nosotros recibamos toda la información médica.

Immunizations
Las vacunas

Every child must have a complete set of immunizations to enter school.
Cada niño(a) debe tener un conjunto completo de vacunas para ser aceptado en la escuela.

This form lists the required immunizations. Please complete the dates on the form.
Este formulario enumera las vacunas requeridas. Por favor complete las fechas en el formulario.

State law requires the dates and the verification of the following immunizations:
La ley del estado exige las fechas y verificación de las vacunas siguientes:

>   diphtheria   **la difteria**
>   tetanus   **el tétano**
>   polio   **el polio**
>   whooping cough   **la tos ferina**
>   measles   **el sarampión**
>   German measles   **la rubéola**
>   mumps   **las paperas**

If any immunizations are incomplete, they must be completed before enrollment in school.
Si le falta alguna vacuna, se la debe aplicar antes de la matriculación en la escuela.

You may obtain immunizations through your family doctor or the local health clinic.
Usted puede obtener vacunas por medio de su doctor de cabecera o la clínica de salud local.

You may take your child to the city health clinic for shots on _____ (date).
Usted puede llevar a su niño(a) a la clínica de salud pública para las vacunas el _____ (fecha).

State law requires that we have the signature and/or stamp of the doctor or clinic on the form which lists the immunizations the child received.
La ley del estado requiere la firma y/o el sello del médico o la clínica en el impreso que enumera las vacunas que recibió el (la) niño(a).

Please have the doctor or clinic complete these papers. You must then bring them back to the school office as soon as possible.
Por favor pídale al médico o a la clínica que complete estos impresos. Usted debe devolverlos a la oficina de la escuela lo más pronto posible.

Your child cannot begin classes until the vaccination papers are completed and returned to the school.
Su hijo(a) no puede empezar sus clases hasta que los impresos sobre las vacunas sean completados y se devuelvan a la escuela.

If you have a personal or religious objection to the immunization of your child, sign here.
Si usted tiene una objeción personal o religiosa en contra de la inmunización de su hijo(a), firme aquí.

Your child can be sent home if it appears he (she) has a contagious disease or infection.
Su niño(a) puede ser enviado(a) a casa si se cree que tiene una enfermedad contagiosa o infección.

Your child will need additional immunizations at a later date (in one month, in two months, in six months). You will be sent a notification by mail.
Su hijo(a) necesitará otras vacunas más tarde (en un mes, en dos meses, en seis meses).   Usted recibirá una notificación en el correo.

You must then take your child to the doctor or clinic, and bring the vaccination papers to the school for verification.
Luego usted debe llevar a su hijo(a) al médico o a la clínica y después traer el registro de las vacunas a la escuela para su verificación.

Emergency Information
La información para casos de emergencia

Please complete this Emergency Form and sign it at the bottom.
Por favor complete este impreso de emergencia y fírmelo en la parte inferior.

You may take it home to complete it and send it to school with your child tomorrow.
Se lo puede llevar a casa para completarlo y enviarlo a la escuela con su hijo(a) mañana.

In case of emergency, if you are not at home where can you be reached?
En caso de emergencia, si usted no se encuentra en casa ¿dónde puede ser localizado?

You need to find a friend or neighbor to care for your child in case of emergency.
Usted necesita escoger a un amigo o vecino que pueda atender a su niño(a) en caso de emergencia.

In case of emergency, whom shall we contact? (person/telephone)
En caso de emergencia, ¿a quién debemos llamar? (persona/teléfono)

Is this person a relative (friend, neighbor)?
¿Es un(a) pariente [amigo(a), vecino(a)]?

Where does this person live?
¿Dónde vive esta persona?

What is this person's telephone number?
¿Cuál es el número de teléfono de esta persona?

You need to list three relatives or friends we can call in case we cannot reach you in an emergency.
Usted debe enumerar tres familiares o amigos a los que podemos llamar en caso de no poder contactarle durante una emergencia.

In case of serious illness or accident, if we cannot contact you, what doctor can we call?
En caso de accidente o enfermedad de gravedad, si no podemos comunicarnos con usted, ¿a qué médico podemos llamar?

If your doctor cannot be reached, will you authorize the school to take whatever emergency steps seem necessary?
Si no podemos comunicarnos con su médico, ¿autorizará a la escuela para tomar cualquier medida de emergencia que se juzgue necesaria?

Please sign this form to give your permission to take these emergency measures.
Por favor firme esta formulario para dar su permiso para tomar estas medidas de emergencia.

In case of an actual civil defense alert or natural disaster, do you prefer that your child remain at school?
En caso de una alerta de la defensa civil o de un desastre natural ¿prefiere usted que su niño(a) permanezca en la escuela?

If not, to whom may we release your child?
Si no ¿a quién debemos entregar su hijo(a)?

Where do you work?
¿Dónde trabaja usted?

Do you have any health (accident) insurance?
¿Tiene seguro de enfermedad (seguro de accidente)?

Home Language Survey
La encuesta sobre el idioma hablado en casa

It is very helpful to the school staff to know the language spoken in the home of the student.
Es de gran ayuda para el personal de la escuela saber qué idioma se habla en el hogar del estudiante.

What language did your son or daughter learn when he or she first began to talk?
¿Qué idioma aprendió su hijo o hija cuando comenzó a hablar?

What language does your son or daughter most frequently use at home?
¿Qué idioma usa su hijo o hija más frecuentemente en casa?

What language do you most frequently use when speaking to your son or daughter?
¿Qué idioma usa usted más frecuentemente cuando habla con su hijo o hija?

What language is most often spoken by the adults at home?
¿Qué idioma usan con mayor frecuencia los adultos en casa?

Class Placement
La colocación en la clase

We cannot put your child on a class list until the forms are complete.
No podemos poner a su hijo(a) en una lista de clase hasta que los formularios estén completados.

Your forms are complete now and your child is assigned to Room _____ .
Sus impresos están completos y su hijo(a) ha sido asignado(a) al salón _____ .

Thank you for your help in completing this paperwork.
Gracias por su ayuda en completar esta documentación.

You child(ren) will be placed in a bilingual classroom.
Su(s) hijo(s) serán colocados en un salón de clase bilingüe.

This means instruction is given in both Spanish and English.
Esto significa que la clase se enseña en español e inglés.

The basic skills will be taught in Spanish until the student is able to understand enough English.
Las destrezas básicas se enseñarán en español hasta que el estudiante pueda entender suficiente inglés.

Your child will be placed in an intensive English as a Second Language Program, and will be gradually introduced into the regular classroom.
Su hijo será colocado en un programa intensivo de inglés como segundo idioma, y será introducido de manera gradual a la clase regular.

We have no bilingual program at this school.
No tenemos ningún programa bilingüe en esta escuela.

Your child(ren) will be placed in a classroom where only English is spoken.
Su(s) hijo(s) será(n) colocado(s) en un salón de clase donde sólo se habla inglés.

Welcoming the New Student
Bienvenida al nuevo estudiante
Tú Form

We are very happy you are going to attend _____ School.
Nos alegramos mucho de que vas a asistir a la escuela _____.

I know you will make new friends right away.
Sé que harás nuevas amistades enseguida.

Your teacher will assign another student to show you around.
Tu maestro asignará otro estudiante para que te oriente.

The student assigned to you will be able to speak Spanish.
El estudiante asignado para ti sabrá hablar español.

That student will be able to answer all your questions about the school.
Ese estudiante podrá responder a todas tus preguntas acerca de la escuela.

If you have any questions, don't be afraid to ask.
Si tienes alguna pregunta hazla sin pena.

The teachers and staff are here to help you.
Los maestros y el personal están aquí para ayudarte.

Registration Terminology
La terminología de la matriculación

address	**la dirección; el domicilio**
adopted	**adoptado(a)**
age	**la edad**
aid, financial	**la ayuda económica**
application form	**la solicitud;**
	el impreso de solicitud
application (to enroll)	**la solicitud (para matricularse)**
assessment, preliminary	**el examen preliminar**
attendance, previous school	**la asistencia escolar previa**
baptism certificate	**el certificado de bautismo**
birth certificate	**el certificado de nacimiento**
birth date	**la fecha de nacimiento**
(month, day, year)	**(mes, día, año)**
birthplace	**el lugar de nacimiento**
blanks	**los espacios en blanco**
boundaries (school, district)	**los límites (de la escuela,**
	del distrito)
child, minor	**el (la) niño(a) menor de edad;**
	el (la) menor de edad
citizen	**el (la) ciudadano(a)**
city	**la ciudad**
class (morning, afternoon)	**la clase (por la mañana, por la**
	tarde)
custody, legal	**la custodia legal**
date, effective	**la fecha en que entra en**
	vigor
date entering	**la fecha de entrada**
date leaving	**la fecha de salida**
document	**el documento**
driver's license	**la licencia de manejar;**
	la licencia de conducir
emergency card	**la tarjeta de emergencia**
emergency form	**el impreso de emergencia**
emergency information	**la información para casos de**
	emergencia
employer	**el (la) empresario(a);**
	el (la) empleador(a);
	el (la) patrón (patrona);
	el (la) jefe

enrolled, currently	**actualmente matriculado(a)**
enrollment	**la matriculación**
enrollment form	**el impreso de matrícula**
enrollment information	**la información sobre la matriculación (matrícula)**
form, application	**la solicitud; el formulario**
guardian	**el (la) tutor(a)**
	el (la) encargado(a)
guardianship	**la responsabilidad de tutor(a)**
immigrant	**el (la) inmigrante**
health examination form	**el formulario de examen médico; el formulario de reconocimiento médico**
home language survey	**la encuesta sobre el idioma hablado en casa**
immunization dates	**las fechas de vacunación**
immunization record, official	**el libro oficial de registro de vacuna**
information, confidential	**la información confidencial**
information, exchange of	**el intercambio de información**
information, release of	**la sesión de información**
language, home	**el idioma (la lengua) hablado(a) en casa**
name, first	**el nombre de pila**
name(s), last	**el (los) apellido(s)**
name, middle	**el segundo nombre**
name, student's	**el nombre del alumno (de la alumna)**
nationality	**la nacionalidad**
naturalized citizen	**el (la) ciudadano(a) naturalizado(a)**
nickname	**el apodo; el sobrenombre**
non-English-speaking	**de habla no inglesa**
occupation	**la ocupación**
passport	**el pasaporte**
physical exam	**el examen físico**
place of birth	**el lugar de nacimiento**
place of employment	**el lugar de empleo**
placement	**la colocación**
proof, legal	**la prueba oficial**
proof of residence	**la prueba de residencia**
record, immunization	**el comprobante de inmunización (vacunas)**

records	los datos; las fichas
records (incomplete, complete)	los archivos (incompletos, completos)
registration	la matrícula
registration card	la tarjeta de matriculación
relationship to student	el parentesco con el estudiante
residence	la residencia
residence, area of	el área de residencia
residence, change of	el cambio de residencia
residence, proof of	la prueba de residencia
residence requirements	los requisitos de residencia
residency statement	la declaración de residencia
resident, legal	el residente legal
signature	la firma
social security number	el número de la seguridad social
telephone, emergency number	el número de teléfono para emergencias
telephone (work, home)	el teléfono (del empleo, de la casa)
verification of residence	la verificación de residencia
verification of vaccinations	el certificado de vacunas
visa	la visa
zip code	el código postal; la zona postal

School Choice Requests
La petición de selección de escuela
Usted Form

If there is a special need, your child can attend another school in the district.
Si hay una necesidad especial, su niño(a) puede asistir a otra escuela en el distrito.

You need to complete this form stating your reason for the transfer.
Usted debe llenar este formulario explicando la razón por la transferencia.

The permit is only good for one year.
El permiso sólo es válido por un año.

The permit will have to be renewed each year.
El permiso tendrá que ser renovado cada año.

You must complete the transfer form and take it to the school you wish your child to attend.
Usted debe completar el formulario de transferencia y llevarlo a la escuela en la que desea inscribir a su hijo(a).

Approval is generally dependent on available space and need.
La aprobación generalmente depende del espacio disponible y la necesidad.

Your request must be completed by _____ date).
Su petición debe estar completa para _____ (fecha).

Since we have not heard from you regarding a renewal of the transfer, your child has been reassigned to his (her) school of residence.
Dado que no hemos tenido noticias de usted en relación a la renovación de la transferencia, su hijo(a) ha sido reasignado(a) a su escuela de residencia.

Your child's records will be returned to your school of residence.
Los archivos de su hijo(a) serán devueltos a su escuela de residencia.

Disaster Preparedness
La preparación para desastres naturales

There is a school plan in case of a natural disaster.
Hay un plan escolar en caso de un desastre natural.

Students remain under their desks or tables until the immediate danger is over.
Los estudiantes se quedan debajo de sus escritorios o mesas hasta que cese el peligro inmediato.

Your child's class will move to an area outside the building when the immediate danger is over.
La clase de su hijo(a) se trasladará a un área fuera del edificio cuando cese el peligro inmediato.

Please do not call the school during an emergency.
Por favor no llame a la escuela durante una emergencia.

Telephone use is reserved for fire and medical teams, and for reporting emergencies.
El uso del teléfono está reservado para los equipos de bomberos y médicos, y para reportar emergencias.

Information for parents will be released by the school district to local radio and TV stations.
El distrito escolar distribuirá información a los padres mediante las estaciones de radio y televisión locales.

Please tune in to your local station.
Por favor sintonice su estación local.

Students will be released only to parents or those listed on the emergency card.
Los estudiantes solamente serán entregados a sus padres o aquellos enumerados en la tarjeta de emergencia.

Kindergarten Enrollment
La inscripción en el kínder

We will begin taking kindergarten registrations on _____ (date).
Comenzaremos la matriculación para el kínder el _____ (fecha).

Your child must be five years old before _____ (date).
Su niño(a) debe haber cumplido cinco años antes del _____ (fecha).

In order to register for kindergarten, we must see his (her) birth or baptismal certificate.
Para matricularse en el kínder debemos ver su certificado de bautismo.

We also need a copy of your child's immunization record and verification of residence.
También necesitamos una copia de su comprobante de vacunas y verificación de residencia.

Please enroll your child as soon as you have the necessary papers.
Por favor, matricule a su niño(a) en cuanto tenga los papeles necesarios.

We have morning and afternoon kindergarten classes.
Tenemos clases de kínder por las mañanas y las tardes.

The morning session begins at _____ (hour) and ends at _____ (hour).
La sesión de la mañana comienza a las _____ (hora) y termina a las _____ (hora).

The afternoon session is from _____ (hour) to _____ (hour).
La sesión de la tarde es de _____ (hora) hasta las _____ (hora).

Time preferences are on a first-come first-served basis.
Las preferencias de horario se conceden según la disponibilidad.

We cannot guarantee the placement you request.
No podemos garantizar la colocación que usted pida.

Children who attend the morning class during the first semester will attend the afternoon class during the second semester, and vice-versa.
Los niños que asisten a la clase de la mañana durante el primer semestre asistirán a la clase de tarde durante el segundo semestre, y viceversa.

We will notify you regarding your child's class assignment and teacher before school starts.
Nosotros le notificaremos en relación a la asignación de la clase y el maestro de su niño(a) antes del comienzo de la escuela.

Class assignments will be posted in the office windows a few days before school begins.
Las asignaciones de las clases se anunciarán en las ventanas de la oficina unos días antes del comienzo del año escolar.

Please complete this Kindergarten Information Form.
Por favor complete este formulario de información para el kínder.

This information will help us in working with your child.
Esta información nos ayudará a trabajar con su niño(a).

Has your child attended preschool or kindergarten before?
¿Ha asistido su hijo(a) a un kínder o preescolar anteriormente?

How well did he (she) adjust?
¿Qué tal se ajustó?

What language does your child use at home with the family?
¿Qué idioma usa su niño(a) en casa con la familia?

Does your child have any handicaps? What kind?
¿Tiene alguna discapacidad su hijo(a)? ¿De qué tipo?

What kinds of discipline does he (she) respond to?
¿A qué tipo de disciplina responde?

How does your child spend time at home?
¿Cómo ocupa el tiempo su hijo(a) en casa?

What does he (she) enjoy doing alone?
¿Qué cosas disfruta haciendo asolas?

What does he (she) enjoy doing with others?
¿Qué le gusta hacer con los demás?

Is your child able to dress himself (herself)? Tie his (her) shoes?
¿Puede su niño(a) vestirse asolas? ¿Atarse los zapatos?

Kindergarten Orientation
La orientación de kínder

The school is planning an Orientation Day for kindergarten children and their parents.
La escuela está planeando un día de orientación para los niños del kínder y sus padres.

It will take place on _____ (date) at _____ (time).
Se llevará a cabo el _____ (fecha) en _____ (hora).

Class lists will be posted in the kindergarten area the day of the meeting.
Se anunciarán las listas de las clases en el área de kínder el día de la orientación.

You and your child will attend the meeting in the room listed on your child's class list.
Usted y su niño(a) asistirán a la reunión en el salón especificado en la lista de su niño(a).

The meeting will be conducted in English.
La reunión se llevará a cabo en inglés.

Translators will be available to assist you.
Habrá traductores disponibles para asistirle.

No translators will be available.
No habrá ningún traductor disponible.

By attending, you will become more familiar with the school and get to know your child's teacher.
Al asistir, usted se familiarizará con la escuela y conocerá al (a la) maestro(a) de su niño(a).

Coming with your child will give him (her) additional confidence for that first day of school.
El venir con su niño(a) le dará confianza adicional para ese primer día de escuela.

Kindergarten Assessment
La evaluación de kínder

In order to better assist your child, a preliminary assessment will be done before classes begin.
Para poder asistir mejor a su niño(a), una evaluación preliminar se realizará antes del comienzo de las clases.

The test will determine your child's best placement.
La prueba determinará la mejor colocación de su niño(a).

It will also indicate your child's potential for success.
También indicará el potencial de éxito de su niño(a).

After examining the results, the staff may recommend that your child wait one more year before entering kindergarten.
Después de examinar los resultados, el personal quizá recomiende que su niño(a) espere un año más antes de comenzar el kínder.

The ultimate decision is yours, however.
La decisión final, sin embargo, es suya.

We have scheduled your child for _____ (date and time).
Nosotros hemos programado a su hijo(a) para el _____ (fecha y hora).

The examination will take place in Room _____ .
El examen se llevará a cabo en el salón _____ .

Please allow _____ minutes for the examination.
Por favor permita _____ minutos para el examen.

Because of the number of students to be tested, please be prompt.
Debido al número de estudiantes que serán examinados, por favor sea puntual.

If you are not able to keep this appointment, please call the school office at _____ (telephone).
Si usted no puede acudir a esta cita, por favor llame a la oficina de la escuela al _____ (teléfono).

The First Day of School
El primer día de clases

Please be sure your child has his (her) name on everything.
Por favor asegúrese de que su hijo(a) tiene su nombre en todas sus pertenencias.

Do not plan to stay in the classroom on the first day of school.
No planifique quedarse en el salón de clase durante el primer día de clases.

Children will adjust more quickly without parents present.
Los niños se adaptarán más rápidamente sin la presencia de los padres.

Be sure your child arrives at school on time, but not too early.
Asegúrese de que su niño(a) llegue a tiempo a la escuela, pero no demasiado temprano.

Make sure your child understands the importance of attending kindergarten.
Asegúrese de que su niño(a) comprende la importancia de asistir al kínder.

If your child needs to take medication at school, notify the office and sign a medical release before classes start.
Si su niño(a) necesita tomar medicamentos durante horas de escuela, notifique a la escuela y firme un permiso antes del comienzo de las clases.

Safety for Kindergartners
La seguridad para los niños del kínder

On the first day of school, please pin a note on your child giving name, address, phone number and the way he (she) will get home.
En el primer día de clases, por favor fije una nota en su niño(a) señalando el nombre, dirección, número de teléfono, y cómo va a regresar a casa.

Try to be home when your child arrives home from school.
Trate de estar en casa cuando su niño(a) llegue de la escuela.

If you cannot be at home, be sure your child knows where to go and who will care for him (her).
Si no puede estar en casa, asegúrese de que su niño(a) sabe dónde ir y quién le cuidará.

Be sure your child understands to come straight home from school.
Asegúrese de que su hijo(a) comprende que debe ir directamente a casa de la escuela.

Remind children not to accept a ride or anything else from a stranger.
Recuerde a los niños de que no deben aceptar nada de personas desconocidas y tampoco permitir que les lleven a casa.

The Daily Schedule
El horario diario

The hours at _____ School are from _____ a.m. to _____ p.m.
Las horas en la escuela son de las _____ a las _____.

Students can arrive at school between 8:00 and 8:30 a.m.
Los alumnos pueden llegar a la escuela entre las ocho en punto y las ocho y media.

They are not to come before 8:00 a.m.
No deben venir antes de las ocho en punto.

Classes start promptly at 8:30 a.m.
Las clases empiezan a las ocho y media.

Classes are dismissed at 2:00 p.m. for the primary grades.
Las clases terminan a las dos en punto para los grados primarios.

All other grades are dismissed at 2:30 p.m.
Todos los demás grados terminan a las dos y media.

The Yearly Schedule
El horario del año

This school is on the traditional September to June schedule.
Esta escuela se acoge al calendario tradicional de septiembre a junio.

School starts on _____ (date).
La escuela comienza el _____ (fecha).

The last day of school is _____ (date).
El último día de clases es el _____ (fecha).

This school is on a year-round schedule.
Esta escuela se acoge al calendario de año continuo.

Each school year is divided into four tracks.
Cada año se divide en cuatro horarios.

The tracks are identified by color (number, letter).
Los horarios se identifican por un color (número, letra).

We will assign your child to one of these four tracks.
Asignaremos a su niño(a) a uno de estos cuatro horarios.

We will do our best to honor your track requests.
Procuraremos satisfacer sus pedidos de horario.

However, we may have to place your child according to your second or third choice.
Sin embargo, quizá tengamos que colocar a su niño(a) de acuerdo a su segunda o tercera elección.

This printed schedule will give you the opening dates for each track.
Este programa impreso le dará las fechas del inicio de cada horario.

Track assignments will be mailed to you.
Las asignaciones del horario se le enviarán por correo.

You may call the school office at _____ (phone number) in August to receive track assignments.
Usted puede llamar a la oficina de la escuela al teléfono _____ en agosto para averiguar las asignaciones del horario.

We have special programs available for intersession days.
Tenemos programas especiales disponibles para los días de intersesión.

Here is a list of the activities.
Aquí tiene una lista de las actividades.

There is a small charge (no charge) for attendance.
Hay un pequeño cargo (No se cobra) por la asistencia.

School Holidays
Las fiestas escolares

School will be closed on _____ for the Thanksgiving holiday.
La escuela estará cerrada el _____ por la fiesta del Día de Acción de Gracias.

The dates of the winter holiday vacation are from _____ to _____.
Las fechas de las vacaciones de invierno son de _____ al _____.

Spring break is scheduled from _____ to _____.
Las vacaciones de primavera están programadas del _____ al _____.

You will receive a notice regarding any days school is not in session.
Usted recibirá un aviso acerca de los días en los que no habrá clase.

The school has scheduled parent conferences for _____ (dates).
La escuela ha programado conferencias con los padres para los días _____ (fechas).

Students will not attend classes on parent conference days.
Los estudiantes no asistirán a clase en los días que haya conferencias con los padres.

The school will be closed on _____ (date) for teacher workshops.
Las escuela estará cerrada el _____ (fecha) para los talleres de los maestros.

School Year Terminology
La terminología del año escolar

beginning of the school year	**el principio del año escolar**
end of the school year	**el fin del año escolar**
first day of school	**el primer día de clases**
holiday(s)	**el (los) día(s) festivo(s);**
	las vacaciones
intersession classes	**las clases de intersesión;**
	las clases de vacaciones
last day of school	**el último día de clases**
parent conference day(s)	**el (los) día(s) de conferencias con los padres**

quarter	el cuarto del año
quarter, first	el primer cuarto del año
quarter, second	el segundo cuarto del año
quarter, third	el tercer cuarto del año
quarter, fourth	el cuarto final del año, el último cuarto del año
semester	el semestre
semester, beginning of the first	el principio del primer semestre
semester, beginning of the second	el principio del segundo semestre
semester, end of the first	el final del primer semestre
semester, end of the second	el final del segundo semestre
summer school	la escuela de verano
trimester	el trimestre
trimester, first	el primer trimestre
trimester, second	el segundo trimestre
trimester, third	el tercer trimestre
vacation days	los días de vacaciones
year-round school	las clases de año continuo

Students in the Office

Students in the Office
Los estudiantes en la oficina
Tú Form

May I help you?
¿En qué puedo ayudarte?

What is your name?
¿Cómo te llamas?

How are you?
¿Cómo estás?

What do you want?
¿Qué quieres? or **¿Qué deseas?**

Please come over here now.
Por favor, ven aquí ahora.

Please sit down.
Siéntate, por favor.

Please sit over there.
Siéntate allá, por favor.

Please wait here.
Espera aquí, por favor.

Please wait a minute.
Espera un momento, por favor.

You are next.
Tú sigues.

It's your turn.
Te toca a ti.

Do you need help?
¿Necesitas ayuda?

What grade (period, class) are you in?
¿En qué año (período, clase) estás?

What is your room number?
¿Cuál es el número de tu salón?

Did you just come from the classroom (cafeteria, playground)?
¿Acabas de llegar de la clase (cafetería, patio de recreo)?

Who is your (homeroom) teacher?
¿Quién es tu maestro(a) (de planta)?

Did you bring a note from your teacher?
¿Trajiste una nota de tu maestro(a)?

Does your teacher know you are here?
¿Sabe tu maestro(a) que estás aquí?

What happened?
¿Qué pasó?

I can tell you are upset.
Me doy cuenta de que estás molesto(a).

Please try to calm down.
Por favor, intenta calmarte.

I want you to go into the nurse's office.
Quiero que vayas a la oficina de la enfermera.

Please speak more slowly.
Habla más despacio, por favor.

Speak slowly and clearly.
Habla despacio y claramente.

Can you tell me in English?
¿Puedes decírmelo en inglés?

Do you have a teacher (an aide) who speaks Spanish?
¿Tienes un(a) maestro(a) (ayudante) que habla español?

Your teacher tells me you are doing very well with English.
Tu maestro me cuenta que estás progresando muy bien con el inglés.

I can tell your English has improved a lot in the last month or two.
Se nota que tu inglés ha mejorado mucho en el último mes o dos.

How old are you? When is your birthday?
¿Cuántos años tienes? ¿Cuál es la fecha de tu cumpleaños?

What school were you in last year?
¿En qué escuela estabas el año pasado?

Did you come from Mexico (Cuba, Puerto Rico)?
¿Viniste de México (Cuba, Puerto Rico)?

Lunch Concerns
Los problemas a la hora de almorzar

Did you forget to bring your lunch?
¿Te olvidaste de traer tu almuerzo?

Did you forget your lunch money?
¿Se te olvidó tu dinero para almorzar?

The school is not allowed to loan lunch money.
Ne se permite que la escuela preste dinero para almorzar.

You may call home and see if someone can bring your lunch (lunch money).
Puedes llamar a casa para ver si alguien te puede traer el almuerzo (dinero para almorzar).

Here is your lunch (lunch money). Your mother brought it in.
Aquí está tu almuerzo (dinero para almorzar). Tu madre lo trajo.

Someone brought your lunch (lunch money) to school.
Alguien trajo tu almuerzo (dinero para almorzar) a la escuela.

What is your lunch number?
¿Cuál es tu número de almuerzo?

Non-Classroom Problems
Los problemas fuera de clase

Do you have permission to come to the office?
¿Tienes permiso para venir a oficina?

You need a note from your teacher (the playground supervisor) to come to the office.
Necesitas una nota de tu maestro(a) (del supervisor del recreo) para venir a la oficina.

Why are you crying? Are you hurt?
¿Por qué lloras? ¿Te lastimaste?

Were you in a fight?
¿Te peleaste?

You will have to spend the rest of your recess (lunch period) here in the office.
Tendrás que pasar el resto del recreo (período del almuerzo) aquí en la oficina.

Why do you need to use the phone?
¿Para qué necesitas usar el teléfono?

Students are allowed to use the phone only for emergency reasons.
Los estudiantes sólo pueden usar el teléfono en caso de emergencia.

You must have a note from the teacher in order to use the phone.
Debes tener una nota del (de la) maestro(a) para usar el teléfono.

If you want to go somewhere after school, you need to get permission before you come to school.
Si quieres ir a algún lugar después de la escuela, necesitas obtener permiso antes de venir a la escuela.

Transportation Problems
Los problemas de transporte

Did you miss your bus?
¿Perdiste tu autobús?

Were you playing around after class?
¿Estabas jugando después de clase?

Did you miss your ride home?
¿Perdiste tu transporte a casa?

Where were you supposed to meet your ride?
¿Dónde se supone que te iban a recoger?

What is the name of the person who was supposed to pick you up?
¿Cuál es el nombre de la persona que se supone iba a recogerte?

Don't worry, we'll find a way for you to get home.
No te preocupes, encontraremos una manera para que regreses a casa.

I will call home for you and see if someone can pick you up.
Llamaré a tu casa para ver si alguien te puede recoger.

You may have to wait a long time before someone comes for you.
Es posible que tengas que esperar mucho tiempo para que alguien venga por ti.

Someone will pick you up in about an hour (a half hour).
Alguien te recogerá en aproximadamente una hora (una media hora).

You will have to wait here in the office until someone comes for you.
Tendrás que esperar aquí en la oficina hasta que alguien venga por ti.

If you lost your bus pass, I will give you a temporary one.
Si perdiste tu pase de autobús yo te daré uno temporal.

You will have to pay for a new bus pass.
Tendrás que pagar un nuevo pase de autobús.

Lost and Found
Los objetos perdidos

Did you lose something? What was it?
¿Perdiste algo? ¿Qué era?

Can you tell me what it looks like?
¿Me lo puedes describir?

We have a lost and found box right over here.
Tenemos una caja para objetos perdidos aquí mismo.

Why don't you look through the box and see if you can find it.
Por qué no echas un vistazo en la caja para ver si lo encuentras.

Praise From the Principal
Los elogios del (de la) director(a)

Is this a note from your teacher about your good behavior?
¿Qué es esto, una nota de tu maestro(a) con relación a tu buen comportamiento?

I am so proud of your improvement.
Estoy muy orgulloso(a) por tus progresos.

I have noticed how much your behavior has improbad on the playground.
Me he dado cuenta de lo mucho que ha mejorado tu comportamiento en el recreo.

Congratulations on your perfect attendance record.
Enhorabuena por tu récord perfecto de asistencia.

It takes effort to be here every day.
Para estar aquí todos los días hay que hacer un esfuerzo.

Congratulations on your record of being on time each day for a monte.
Enhorabuena por tu récord de llegar a tiempo cada día por un mes.

I know you have worked hard to be at school on time every day.
Sé que te has esforzado mucho para llegar a tiempo a la escuela cada día.

Thank you for showing me your work. I can tell you are doing very well.
Gracias por mostrarme tu trabajo. Me doy cuenta de que estás haciéndolo muy bien.

This is definitely first class work.
Esto definitivamente es trabajo de primera clase.

With the effort you are putting forth, you will be a very good student.
Con el esfuerzo que estás haciendo, vas a ser un estudiante muy bueno.

That's quite an improvement.
Eso es una mejora significativa.

That's great!
¡Eso es maravilloso!

That's really nice.
Eso está muy bien.

Very interesting.
Muy interesante.

You really outdid yourself this time.
Realmente te superaste esta vez.

That's good.
Qué bueno.

Terrific!
¡Bravo!

Congratulations!
¡Enhorabuena!

Fantastic!
¡Fantástico!

After our talk las week, I can tell you are doing much better.
Después de nuestra charla la semana pasada, me doy cuenta de que estás haciéndolo mucho mejor.

I am very proud of your efforts.
Estoy muy orgulloso(a) de tus esfuerzos.

This is much better than your previous work.
Esto es mucho mejor que tu trabajo anterior.

That's quite an improvement.
Eso está bastante mejor.

What neat work.
Qué trabajo más ordenado.

I noticed today in the classroom that you were really paying attention.
Hoy me fijé que estabas poniendo mucha atención en la clase.

Your teacher tells me you share a lo of good ideas with the class.
Tu maestro(a) me dice que compartes muchas ideas buenas con la clase.

It's a pleasure to have you at _____ School.
Es un placer tenerte en la escuela _____.

Sending a Student Back to Class
Regresando un estudiante a la clase

You may go back to your class now.
Puedes regresar a tu clase ahora.

You'll need a note to get back into class.
Necesitarás una nota para regresar a la clase.

Take this to your teacher (counselor, vice principal).
Lleva esto a tu maestro (consejero, vice director).

Can you go back to your room by yourself?
¿Puedes regresar a tu clase solo(a)?

Go right back to class.
Ve directamente a clase.

Please don't run in the corridors.
Por favor no corras en los pasillos.

I (_____) will take you back to class.
Yo (_____) te llevaré a tu clase.

Have a nice day.
Que tengas buen día.

Notes

Non-Academic Services

Non-Academic Services
Los servicios no académicos
Usted Form

School Meals
Comidas en la escuela

Your child can eat lunch (breakfast) here at school.
Su niño(a) puede tomar el almuerzo (desayuno) en la escuela.

A hot breakfast and lunch is served at school each day.
La escuela sirve desayunos y almuerzos calientes todos los días.

The cost of breakfast (lunch) is $ _____ per day or $ _____ per week.
El costo del desayuno (almuerzo) es $ _____ por día o de $ _____ por semana.

Your child can eat in the cafeteria or bring a lunch from home.
Su niño(a) puede comer en la cafetería o puede traer el almuerzo de casa.

Breakfast is served every school-day morning from _____ to _____ a.m.
El desayuno se sirve todos los días escolares de_____ a _____ a.m.

Your child has lunch from 11:30 to 12:15 (11:45 to 12:30, 12:00 to 12:45).
Su niño come entre las once y media y las doce y quince (entre las once cuarenta y cinco, y las doce y media; entre las doce en punto y las doce cuarenta y cinco).

Is your child going to eat at school or go home for lunch?
¿Va su niño(a) a comer en la escuela o va a hacerlo en casa?

If your child will be going home for lunch, you will need to sign this permission form.
Si su niño(a) va a casa para la hora de la comida, usted necesita firmar este formulario para dar permiso.

A discount of _____ per meal is given when you pay in advance for _____ or more meals per student.
Cuando usted paga por adelantado se le otorga un descuento de _____ por almuerzo en _____ o más comidas, por cada estudiante.

Each morning from 7:30 to 9:00 the office will accept cash payment for one week or more of prepaid meals.
Todas las mañanas de 7:30 a 9:00 la oficina acepta pagos en efectivo por una semana, o más, de comidas pagadas.

Please do not take or send money to the classroom.
Por favor no lleve o envíe dinero a los salones de clase.

The cafeteria will keep track of the number of meals purchased and the dates they are used.
La cafetería llevará la cuenta del número de comidas pagadas y las fechas en que se consumieron.

The student who has prepaid breakfast or lunch will give the cafeteria worker at the register his or her lunch number and will receive a meal.
El estudiante que tiene prepagado el desayuno o el almuerzo deberá entregar al empleado de la cafetería el número de su almuerzo y recibirá la comida.

If you participate in this program, it will greatly reduce the number of children who lose or forget their lunch money.
Su participación en este programa reducirá significativamente el número de niños que pierden u olvidan el dinero para el almuerzo.

If you wish to eat lunch with your child, you can buy a lunch for $ _____ .
Si usted desea almorzar con su hijo(a), el precio del almuerzo es de $ _____ .

We are sorry, but federal law prohibits us from allowing food to be taken off the school grounds.
Lo sentimos mucho, pero las leyes federales nos prohíben dejar que se saque comida fuera del campo escolar.

Applying for Free and Reduced-Price Meals
La solicitud de comidas gratis o a precio reducido

Free or reduced-price meals are provided for the children of parents with low incomes.
Las comidas gratis se dan a los niños de padres de bajos recursos económicos.

Do you need to request free or reduced-price meals for your child?
¿Necesita usted hacer la petición de comida gratis o a precio reducido para su niño(a)?

Here is the application form you will need to complete.
Aquí está el formulario que debe llenar.

Please complete all the questions on the form and sign it.
Por favor llene el formulario y fírmelo.

Be sure to include the names of all children eligible for food stamps or AFDC.
Asegúrese de incluir los nombres de todos los niños que califican para el programa de estampillas para alimentos o AFDC.

Include the names of children who do not attend school.
Incluya los nombres de los niños que no asisten a la escuela.

The information on the application may be checked by school officials at any time during the school year.
La información suministrada podrá ser verificada por los empleados de la escuela en cualquier momento del año.

If your child is approved for free or reduced-price meals, you must tell the school when your household income increases by more than $ _____ per month ($ _____ per year).
Si su hijo(a) es aceptado(a) para comidas gratis o a precio reducido, usted debe reportar a la escuela un aumento de ingresos mayor de $ _____ por mes ($ _____ por año).

You may apply for benefits at any time during the school year.
Usted puede aplicar para obtener estos beneficios en cualquier período del año escolar.

The school will honor last year's approved application only until _____ (date), which will allow families time to complete a current year application.
La escuela considerará la solicitud aprobada del año anterior sólo hasta _____ (fecha) para dar oportunidad a las familias para llenar una nueva solicitud para el año actual.

After this date, students without an approved current year application will not be eligible.
Después de esta fecha, los estudiantes que no tengan actualizada la solicitud no podrán participar.

The school office can provide assistance in completing this form.
La oficina de la escuela le puede ayudar a llenar este formulario.

You will be notified in _____ days (weeks).
Usted será notificado en _____ días (semanas).

Your child(ren) will need to bring lunch or pay for it until your application is approved.
Su(s) hijo(s) tendrá(n) que traer el almuerzo o pagarlo hasta que se apruebe la solicitud.

Breakfast and Lunch Program Terminology
La terminología del programa de desayunos y almuerzos

child nutrition program	**el programa de alimentos para niños**
eligibility application	**la solicitud de elegibilidad**
food services department	**el departamento de servicios de alimentos**
food stamps	**las estampillas para alimentos**
guidelines, nutritional	**las guías de nutrición**
lunch (breakfast) price	**el precio del almuerzo (del desayuno)**
lunch money	**el dinero para comprar el almuerzo**
meals, free	**las comidas gratis**
meals, low cost	**las comidas de precios bajos**
meals, nutritious	**las comidas nutritivas**
meals, reduced-price	**las comidas a precio reducido**
prepaid lunch program	**el programa de almuerzos pagados por adelantado (prepagados)**
price	**el precio**
regulations, government	**las reglamentaciones gubernamentales**
school breakfast and lunch program	**el programa de desayunos y almuerzos escolares**
school nutrition program	**el programa de nutrición escolar**

Bus Transportation
El transporte en el autobús escolar

We do not have bus service at this school.
No tenemos servicio de autobuses escolares en esta escuela.

Parents are urged to form car pools.
Se anima a los padres a formar grupos de transporte.

This school has bus service for children who live _____ mile(s) or more from the school.
Esta escuela tiene servicio de autobús para niños que viven a _____ milla(s) o más de la escuela.

Children must be at the bus stop five minutes before pickup time.
Los niños deben estar en la parada de autobús cinco minutos antes de la hora de recogerlos.

The bus cannot wait for your child.
El autobús no puede esperar por su niño(a).

Permission to change the drop-off point must be submitted in writing.
La autorización para cambiar el lugar para apearse del autobús se debe entregar por escrito.

Alternate drop-off points, such as the Boys and Girls Club or a babysitter, will only be considered when they occur on a regular basis.
Las paradas alternativas, como el Boys and Girls Club o la niñera, se aceptarán solamente si se establecen de antemano.

Cost of Student Transportation
Los costos de servicio de transporte escolar

There is no charge for bus service.
No se cobra por el servicio del autobús escolar.

You will have to pay $_____ monthly (weekly) for bus service.
Tendrá que pagar $_____ por el servicio mensual (semanal) del autobús escolar.

Special Education students are not required to pay for bus service.
Los estudiantes de educación especial no tienen que pagar el servicio de autobús.

Please complete this Bus Pass Application.
Por favor llene este formulario para el pase del autobús.

There is a discount for purchasing an annual bus pass.
Hay un descuento por la compra de un pase anual.

You can also purchase a book of single-ride tickets.
Usted también puede comprar un talonario de boletos para viajes individuales.

Applications must be turned in with a check or money order.
Las solicitudes deben devolverse junto con un cheque o giro postal.

Special rates and exceptions to bus charges are listed on this form.
En este impreso se proporciona una lista de tarifas especiales y excepciones al precio del viaje en autobús.

There will be a fee of $_____ to replace lost bus passes.
Se cobrará una tarifa de $_____ para reemplazar los pases perdidos.

Students assigned to schools outside their area of residence because of overcrowding will not be charged for bus transportation.
Los estudiantes asignados fuera de su área de domicilio por exceso de cupo no pagarán por el servicio de autobús.

They will be transported from their school of residence to their assigned school.
Ellos serán transportados desde su escuela de residencia hasta la escuela asignada.

No student will be denied transportation because of inability to pay or because of a lost ticket.
No se le negará el servicio de transporte a ningún estudiante que no pueda pagar o haya perdido el boleto.

Student Transportation Behavior Standards
El código de comportamiento de los estudiantes durante el transporte escolar

Students must enter the bus in an orderly manner, take a seat with their feet on the floor and remain quiet.
Los estudiantes deben entrar al autobús ordenadamente, sentarse colocando los pies en el piso y permanecer quietos.

They must remain seated until the bus arrives at the destination and the bus door is open.
Deben permanecer sentados hasta que el autobús llegue a su destino y se abra la puerta.

Students must, at all times, show consideration for others and respect of property.
Bajo todas las circunstancias, los estudiantes deberán ser considerados con los demás y respetar la propiedad.

Students must follow the instructions of the school bus driver at all times.
Los estudiantes deberán obedecer las instrucciones del conductor del autobús en todo momento.

Windows are opened only by the authority of the bus driver.
Las ventanas sólo se abren si el conductor lo autoriza.

All parts of the body must be kept inside the bus.
Todas las partes del cuerpo deben permanecer dentro del autobús.

Eating, chewing gum, drinking and smoking are not permitted.
No está permitido comer, mascar chicle, beber o fumar.

Unacceptable language is strictly prohibited.
Está estrictamente prohibido usar lenguaje inapropiado.

Actions such as littering, spitting, throwing any object, vandalism and harassment of others, at the bus stop or on the bus, will not be tolerated.
No se tolerarán comportamientos tales como arrojar basura, escupir, lanzar objetos, vandalismo o acoso a los compañeros en la parada de autobús ni abordo.

Fighting means an automatic suspension of bus riding privileges.
Las peleas son automáticamente sancionadas con suspensión del derecho de viajar en autobús.

Animals, birds, fish, insects, breakable containers, skateboards, weapons or any object that could be hazardous, will not be allowed on the bus.
No se permitirá el transporte de animales, aves, peces, insectos, envases que se puedan romper, monopatines, armas o cualquier objeto que pueda ser peligroso.

Student Transportation Terminology
La terminología del transporte de estudiantes

bus fee	la tarifa de transporte
bus misconduct referral	la referencia de mala conducta en el autobús
bus pass, annual	los pases de autobús con validez de un año
bus pass application	la solicitud para obtener pases de autobús escolar
bus pass, free	el pase gratis de autobús
bus, regularly scheduled	el autobús de ruta fija
bus riding privileges	el privilegio de viajar en el autobús escolar
bus, school	el autobús escolar
bus service	el servicio de autobús
bus stop(s), school	la(s) parada(s) del autobús escolar
bus transportation	el transporte en autobús
busing area, prescribed	el área normal de transporte
conduct on the bus	la conducta en el autobús
destination	el destino
district transportation department	el departamento de transporte del distrito
driver, school bus	el (la) conductor(a) del autobús escolar
drop-off point	el lugar para apearse del autobús
emergency exit	la salida de emergencia
exempt from transportation fee	exento de pagar por el transporte escolar
fee per ride	el pago por un boleto de autobús
front of the bus	el frente del autobús
inability to pay	la falta de recursos para pagar
inside the bus	dentro del autobús
line up to load, to	hacer cola para subir
outside the bus	fuera del autobús
pick up location	el lugar de recogida
pick up time	la hora de recogida
railroad track crossings	el cruce de ferrocarril
routes	las rutas
safe trip	el viaje seguro; el viaje sin contrariedades

school district transportation	**el transporte escolar**
seats, assigned	**los asientos reservados**
ticket	**el boleto, el billete, el tique** (*slang*)
tickets, single ride booklets of	**los talonarios de pasajes individuales**
transportation, denial of	**la denegación del permiso de transporte**
transportation office	**el departamento de transporte**
transportation, pupil	**el transporte de estudiantes**
unsafe actions	**los actos que ponen la seguridad en peligro**
violation of safety rules	**la violación de las reglas de seguridad**
walking distances	**las distancias normales de ir a pie**

Notes

Policies and Procedures

Policies and Procedures
Las politicas y los procedimientos
Tú and Usted Forms

Attendance
La asistencia

Addressing Parents
Hablando a los padres

Hello, I'm _____ from _____ School. How are you today?
Hola. Yo soy _____ de _____ de la escuela. ¿Cómo está usted hoy?

Your child, _____, is not in school today.
Su hijo(a), _____, no vino a la escuela hoy.

Why is _____ absent today?
¿Por qué se ausentó hoy _____?

Why was _____ absent yesterday?
¿Por qué se ausentó ayer _____?

Our records show that your child, _____, was absent from school on _____ (date).
Nuestros registros indican que su hijo(a), _____, se ausentó de la escuela el_____(fecha).

I am calling to verify the reason for _____'s (name) absence on _____ (date).
Estoy llamando para confirmar la razón de la ausencia de _____ (nombre) el_____(fecha).

We are required by state law to verify reasons for any absence from school.
Las leyes del estado nos obligan a verificar las razones por las que un estudiante se ausenta.

Parents are legally responsible for having their children in school every day, unless there is a valid reason for their absence.
Los padres son legalmente responsables de que sus hijos asistan a la escuela todos los días, a menos que tengan una razón válida para ausentarse.

Please call the school the first morning your child is absent.
Por favor, llame a la escuela la primera mañana que su hijo(a) se ausente.

You may call our voice mail at _____ and give the reason for the absence.
Usted puede dejar el mensaje en el contestador automático al número _____ y dar la razón de la ausencia.

Please send a note with _____ when he (she) returns to school.
Por favor, envíe una nota con _____ cuando él (ella) regrese a la escuela.

A note must be sent each time he (she) is absent.
Se debe enviar una nota cada vez que el (ella) se ausente.

Continued failure of the student to bring a note explaining the absence will cause the student to be considered truant.
La falta continua del estudiante de traer notas explicatorias de las ausencias hará que el sea considerado novillero.

Students may be absent for medical reasons or for necessary trips out of town.
Los estudiantes pueden ausentarse por cuestiones médicas o por necesidad de viajar fuera de la ciudad.

He (She) has missed a great deal of instruction because he (she) has not been in class regularly.
El (Ella) ha perdido un período de instrucción significativo por no asistir regularmente a clases.

During _____'s long trip, he (she) did not keep up on his (her) work and is now very far behind.
Durante el largo viaje de _____, él (ella) no se mantuvo al día con sus deberes y ahora está muy atrasado(a).

_____ has missed so much school this quarter (semester) that he (she) has missed most of the basic concepts that have been taught.
_____ ha estado ausente tanto durante este quarto del año (semestre) que ha dejado de aprender casi todos los conceptos básicos que fueron enseñados.

_____ has been absent so much we will be required to report you, the parent, to the legal authorities.
_____ ha estado ausente tanto tiempo que nosotros tendremos que reportarlo a usted, su padre, a las autoridades correspondientes.

No student should be kept at home to babysit.
Ningún estudiante debe ser obligado a quedarse en casa para cuidar niños.

You are encouraged to plan vacations that coincide with the school vacations.
Es preferible que planifique sus vacaciones para que coincidan con las de la escuela.

Leaving town for vacation while your child's classes are in session is not an acceptable excuse for absence.
Salir de vacaciones con su hijo(a) durante el período escolar no es escusa válida para su ausencia.

Are you leaving the country? For how long?
¿Va a salir del país? ¿Por cuánto tiempo?

Please notify the school prior to the student being absent.
Por favor notifique a la escuela antes de que el estudiante se ausente.

If you know your child will be absent on a school day, you should arrange to get work for your child from his (her) teacher.
Si sabe de antemano que su hijo(a) faltará un día de clase, debe avisar al maestro (a la maestra) para que él (ella) pueda adelantarle los deberes.

The teacher can plan makeup work packets for your child.
El maestro puede organizar conjuntos de tareas de recuperación para su hijo(a).

If your child successfully completes the assigned work, the absence can be excused.
Si su hijo(a) realiza bien las tareas asignadas entonces la ausencia puede ser excusada.

Makeup work can never replace the instruction the teacher gives in class.
Las tareas de recuperación nunca pueden reemplazar la instrucción que el maestro proporciona en las clases.

Addressing Students
Dirigiéndose a los estudiantes

Why were you absent yesterday?
¿Por qué faltaste a la escuela ayer?

Did you bring a note from your mother or father?
¿Trajiste una nota de tu padre o madre?

You must always bring a note from home whenever you return to school from being absent.
Siempre debes traer una nota de casa cuando regreses a la escuela después de una ausencia.

It is an Absence Verification Form, and it lets us know why you were absent.
Este es un formulario de verificación de ausencia, y nos permite saber por qué te ausentaste.

Please take this form home, get it signed, and bring it back to the school office tomorrow.
Por favor lleva este formulario a casa, pide que lo firmen tus padres, y devuélvelo la oficina mañana.

Your teacher is very concerned about the number of days you have been absent.
Tu maestro está muy preocupado por el número de días que has estado ausente.

You must be in school every day if you are not sick or have an approved reason.
Tienes que estar en la escuela todos los días si no estás enfermo(a) o tienes una razón válida para faltar.

Attendance Terminology
La terminología de la asistencia

absence	la ausencia
absence verification	la verificación de ausencias
absences, excessive	las ausencias excesivas
absent, to be	estar ausente
attendance, daily	la asistencia diaria
attendance, perfect	la asistencia perfecta
	el no haberse ausentado;
	el no haber nunca estado ausente
ill	enfermo(a)
ill, to be	estar enfermo(a)
medical appointment	una cita con el médico
out of town	fuera de la ciudad
reasons, other	otras razones
school attendance, irregular	la asistencia escolar irregular
school attendance, regular	la asistencia escolar regular

Tardiness
La tardanza

Addressing Parents
Hablando con los padres

Your child(ren) was (were) late for school today.
Su(s) hijo(s) llegó (llegaron) tarde a la escuela hoy.

Can you tell me the reason for the late arrival?
¿Puede decirme cuál fue la razón de la tardanza?

It is the responsibility of the parents to see that their children arrive at school on time.
Los padres tienen la responsabilidad de que sus hijos lleguen a tiempo a la escuela.

Dropping a student off late at school does not excuse the tardy.
Dejar con tardanza a su hijo en la escuela no es excusa para la tardanza.

Classes begin promptly at _____. Students should be dropped off by _____.
Las clases comienzan puntualmente a las _____. Los estudiantes deben ser dejados en la escuela a las _____.

When students enter the classroom late, it disrupts the class.
Cuando los estudiantes entran tarde al salón de clase, causan una interrumpción.

_____ has missed a lot of instruction by arriving so late.
_____ ha perdido mucho tiempo de instrucción por llegar tan tarde.

His (Her) frequent late arrivals have brought down his (her) grades.
Sus tardanzas frecuentes han hecho que empeoren sus calificaciones.

Please send a note each time _____ is tardy, giving the reason.
Por favor, envíe un nota cada vez que _____ llegue tarde, explicando la razón de la tardanza.

If your child brings home a tardy note, please sign it and be sure your child returns it the next day.
Si su hijo(a) trae a casa una nota de tardanza, por favor fírmela y asegúrese de que su hijo(a) lo lleve a la escuela al día siguiente.

Please send your child(ren) to school earlier.
Por favor envíe a su(s) hijo(s) a la escuela más temprano.

Please see that your child leaves home on time and arrives at school a few minutes before classes start.
Por favor asegúrese de que su hijo(a) sale de casa a tiempo y llega a la escuela varios minutos antes del comienzo de las clases.

I need to have a talk with you immediately to discuss _____'s frequent tardiness.
Necesito hablar con usted inmediatamente sobre las frecuentes tardanzas de _____ .

Your appointment time is _____(day, date and time).
Su cita es a las _____(día, fecha y hora).

Please notify the school office if you need to change the time of the appointment.
Por favor, avise a la oficina de la escuela si necesita cambiar la hora de la cita.

After the third tardy, students will be kept after school to make up time and work missed.
Después de la tercera tardanza, los estudiantes serán retenidos después de la escuela para recuperar las tareas y el tiempo perdido.

You will also be required to sign a form stating that you have discussed the tardiness policy with your child.
Así mismo, usted deberá firmar un formulario en el que asegure que ha discutido la política sobre tardanzas con su hijo(a).

Please be sure your child clearly understands what is expected of him (her).
Por favor asegúrese de que su hijo(a) entiende claramente lo que se espera de él (ella).

You will always be notified in advance if your child is to be kept after school.
A usted siempre se le notificará por adelantado cuando su hijo(a) vaya a ser retenido más tiempo en la escuela.

Addressing Students
Hablando con los estudiantes

Are you here because you are late for school (class)?
¿Estás aquí debido a que llegaste tarde a la escuela (clase)?

You are required to come to school on time.
Tienes la obligación de llegar a tiempo a la escuela.

Where is your note explaining why you are late?
¿Dónde está tu nota explicando por qué llegas tarde?

Here is a note to your teacher admitting you to class.
Aquí tienes una nota para que tu maestro te deje pasar a la clase.

We keep a record here in the office of how many times each student is tardy.
Nosotros llevamos un registro aquí en la oficina del número de tardanzas de cada estudiante.

Do you realize that when you are late you are disrupting the class and are also missing instruction?
¿Te das cuenta de que cuando llegas tarde interrumpes la clase y también estás perdiendo instrucción?

It is your responsibility to be at school and in class on time.
Es tu responsabilidad llegar a la escuela y a clase a tiempo.

When you are late you are expected to make up the time.
Cuando llegues tarde se espera que recuperes el tiempo perdido.

You are assigned fifteen minutes lunch detention for every ten minutes you are tardy.
Se te asignan quince minutos de castigo a la hora de almuerzo por cada diez minutos que llegues tarde.

Please take this tardy notice home, get it signed, and bring it to the office tomorrow.
Por favor lleva esta nota de tardanza a tu casa, pide que la firmen, y devuélvesala a la oficina mañana.

Thank you for bringing the tardy notice back on time. I am proud of you.
Gracias por traer a tiempo la nota de tardanza. Estoy orgulloso(a) de ti.

Tardiness Terminology
La terminología de tardanza

arrive on time, to	**llegar a tiempo**
late, to be	**llegar tarde**
makeup requirements	**el trabajo requerido para compensar por la tarea no hecha**
note, tardy	**una nota de tardanza**
on time	**a tiempo**
punctuality	**la puntualidad**
tardiness	**la tardanza; el llegar tarde a clase**
tardiness, excused	**la tardanza con excusa justificada**
tardiness policy	**las reglas de puntualidad**
tardiness, unexcused	**la tardanza sin excusa**

Homework
La tarea

Addressing Parents
Hablando con los padres

It is the policy of the Board of Education that students are assigned and complete homework on a regular basis.
Es política de la junta de educación que se les asignen tareas a los estudiantes y que las completen de manera regular.

Homework helps students maintain good study habits developed in the classroom.
Las tareas ayudan a los estudiantes a mantener buenos hábitos de estudio aprendidos en la clase.

Students are able to apply work and study skills learned in school when they do homework.
Los estudiantes aplican habilidades de trabajo y estudio aprendidos en la escuela cuando realizan sus tareas.

Please carefully review the homework papers your child brings home.
Por favor, revise cuidadosamente las tareas que su hijo(a) lleva a casa.

You are responsible for signing your name at the bottom of each homework assignment.
Es su responsabilidad poner su firma en la parte inferior de cada tarea llevada a casa.

Students need to be provided a quiet place and adequate time to complete homework.
Los estudiantes deben tener un lugar tranquilo y tiempo adecuado para completar las tareas.

Parents need to encourage the use of good study habits and the completion of assignments.
Los padres deben estimular la práctica de buenos hábitos de estudio y la realización completa de las tareas.

Please remind your child(ren) to bring completed homework and materials to school each day.
Por favor recuerde a su(s) hijo(s) llevar la tarea completada y materiales a la escuela cada día.

Your involvement in his (her) education at home is essential.
Su participación en la educación de sus hijos en casa es esencial.

There has been a tremendous improvement in _____'s completion of homework.
_____ ha mejorado notablemente en la entrega de sus tareas hechas.

He (She) needs to turn in his (her) homework on time.
El (Ella) debe entregar las tareas a tiempo.

If you have a problem with the amount of homework your child is receiving, contact the classroom teacher.
Si usted tiene un problema con la cantidad de tareas asignadas a su hijo(a), póngase en contacto con el (la) maestro(a) de la clase.

Addressing Students
Hablando con los estudiantes

It is your responsibility to complete your homework on time.
Es tu responsabilidad terminar a tiempo tus tareas.

It is also your responsibility to take care of and return books and materials needed for homework.
También es tu responsabilidad cuidar y entregar los libros y materiales que se necesitan para hacer las tareas.

Congratulations on winning the Perfect Homework Record award.
Felicitaciones por ganar el premio del récord perfecto de tareas.

Your teacher and the whole school are very proud of you.
Tu maestro y toda la escuela están muy orgullosos de ti.

I have a report from your teacher that you have not been completing your homework assignments.
Tengo un informe de tu maestro diciendo que no has estado completando tus tareas.

I am asking your teacher to let me know every time your homework assignments are incomplete.
Yo estoy pidiendo a tu maestro que me reporte cada vez que tus tareas estén incompletas.

Homework Terminology
La terminología de las tareas

assignment	**la tarea**
assignments, completed	**las tareas terminadas**
assignments, incomplete	**las tareas no terminadas**
homework assignment	**la tarea**
homework policy	**las reglas sobre la tarea**
homework program	**el programa de tarea**
homework requirements	**los requisitos de la tarea**
study habits	**los hábitos de estudio**
study, place to	**el lugar para estudiar**
study techniques	**las técnicas de estudio**
study, time to	**el tiempo para estudiar**

Dress Code
El código de vestuario

Students are required to be neatly and cleanly dressed at all times.
Se requiere que los estudiantes estén bien vestidos y aseados en todo momento.

Clothing must comply with acceptable standards of taste.
El vestuario debe conformarse a los estándares aceptables del buen gusto.

Revealing or extreme fashions are not allowed.
Ne se permiten modas reveladoras o extremas.

Shoes must meet acceptable standards of safety and must be worn at all times.
El calzado debe conformarse a normas aceptables de seguridad y usarse en todo momento.

All types of hats, caps and swim wear are not allowed.
Ne se permite usar ninguna clase de sombreros, gorras ni trajes para natación.

Any gang apparel or items that suggest gang affiliation are strictly forbidden.
Queda estrictamente prohibido el uso de cualquier accesorio o artículo que sugiera afiliación a una pandilla.

Clothing that advertises products that are illegal for students to possess at school is not permitted.
No se permite vestuario que anuncia productos que los estudiantes no pueden poseer legalmente en el campus escolar.

Students are required to wear special clothing for physical education classes.
Se requiere que los estudiantes usen ropa especial para las clases de educación física.

Students at _____ School wear uniforme.
Los estudiantes de la escuela _____ usan uniforme.

We have an information sheet that describes the uniform requirements.
Tenemos una hoja de información que describe los requisitos del uniforme.

Student Safety
La seguridad del estudiante

_____ School is a closed campus.
La escuela _____ es un campus cerrado.

This means that once a student arrives at school, he (she) must remain at school until dismissed.
Esto significa que una vez que un estudiante llega a la escuela, él (ella) debe permanecer allí hasta la hora de salida.

Students arriving by car must use only authorized parking areas.
Los estudiantes que llegan en automóvil sólo pueden estacionarse en las áreas autorizadas.

To reduce thefts and maintain a calm atmosphere, radios, walkman headsets, beepers, cameras and expensive games are to be left at home.
Con el fin de reducir los robos y conservar un ambiente tranquilo, los estudiantes deben dejar en casa las radios, audífonos, localizadores, cámaras fotográficas y juegos costosos.

Skateboards are not allowed at school.
No se permiten las patinetas en la escuela.

Special Programs for Special Needs

Special Programs for Special Needs
Programas especiales para necesidades especiales
Usted Form

Special Education
Educación especial

_____ School has a Special Education program for students with special needs.
La escuela _____ tiene un programa de educación especial para estudiantes con necesidades especiales.

The program modifies or individualizes the regular school program to adjust to the student's needs.
El programa modifica o individualiza el programa escolar regular para ajustarse a las necesidades del estudiante.

Your child's teacher has recommended testing for possible placement in a Special Education class.
El (La) maestro(a) de su hijo(a) ha recomendado que le hagan pruebas para ver la posibilidad de ubicarlo en una clase de educación especial.

You will be involved in all decisions regarding your child's school placement.
Usted estará involucrado en todas las decisiones con respecto a la colocación académica de su hijo(a).

An Individual Education Program is developed for each Special Education student.
Se desarrolla un programa de educación individual para cada estudiante de educación especial.

You will be invited to all meetings where plans and decisions regarding your child are made.
Se le invitará a todas las reuniones en las que se hagan planes y decisiones concerniendo su hijo(a).

You may bring any information to the meeting that you feel is appropriate.
Usted puede traer a la reunión cualquier información que considere apropiada.

Please bring a translator with you.
Por favor, traiga un traductor con usted.

If you notify us in advance, a translator will be provided by the school.
Si usted nos notifica por adelantado, la escuela le proporcionará un traductor.

Your child's program will be reviewed from time to time in order to make necessary adjustments.
El programa de su hijo(a) será revisado de cuando en cuando para hacer los ajustes necesarios.

You will always be notified of this reevaluation meeting.
Siempre se le notificará acerca de esta reunión de reevaluación.

Transportation for Special Education Students
El transporte para estudiantes de educación especial

Free bus service is provided to some Special Education students, depending on need.
Servicio gratis de autobús se ofrecerá para algunos estudiantes de educación especial, dependiendo de la necesidad.

You must have your child ready at the bus stop about five minutes before pickup time.
Debe tener su hijo(a) listo(a) en la parada del autobús unos cinco minutos antes de la hora de recogida.

The bus cannot wait for late children.
El autobús no puede esperar por niños que se atrasan.

Severely handicapped children should have someone at the bus stop to receive them after school.
Niños con impedimentos severos deben tener alguien en la parad de autobús para recibirlos después de la escuela.

If your child is going to be absent, please call the District Transportation Department at _____ so the bus driver can be notified.
Si su hijo(a) se va a ausentar, por favor hable al Departamento de Transporte del Distrito al _____ para que el conductor del autobús pueda ser notificado.

Please call the day before your child will return to school, so the driver is sure to pick him (her) up.
Por favor llame el día antes de que su hijo(a) va a regresar a la escuela, para que el conductor se asegure de recogerlo(a).

Children who do not maintain good conduct will lose bus privileges.
Los niños que no mantengan buena conducta perderán el derecho de viajar en autobús.

Bilingual Education
La educación bilingüe

We have several bilingual classes here at _____ School.
Tenemos varias clases bilingües aquí en la escuela _____ .

Your child will be given an English proficiency test to determine his (her) language instruction needs.
Su hijo(a) tendrá que tomar un examen de conocimiento del inglés para determinar sus necesidades en idiomas.

Based on the results of the language test, your child may be placed in a bilingual education program.
Con base en los resultados de la prueba de idioma su hijo(a) puede ser asignado(a) a un programa de educación bilingüe.

While learning English, your child will be learning the basic skills in Spanish.
Mientras aprende inglés, su hijo(a) continuará aprendiendo las destrezas básicas en español.

Your child's placement in a bilingual class will be based on available space.
Su hijo(a) será colocado en una clase bilingüe dependiendo de la disponibilidad de plazas.

Parents are encouraged to visit the bilingual program and meet the teachers.
Se anima a los padres a visitar el programa bilingüe y conocer a los maestros.

Please sign this form giving your permission for your child to participate in a bilingual program.
Por favor firme este formulario dando permiso para que su hijo(a) participe en un programa bilingüe.

If at any time you wish to have your child removed from the bilingual program, please notify us in writing.
Si en cualquier momento usted desea retirar a su hijo(a) del programa bilingüe, por favor avísenos por escrito.

We do not have a bilingual education at _____ School.
No tenemos un programa de educación bilingüe en la escuela _____ .

English as a Second Language (ESL)
El inglés como segundo idioma

We have a strong English As a Second Language program that enables students to learn English as soon as possible.
Tenemos un riguroso programa de inglés como segundo idioma que le permite a los estudiantes aprender inglés lo antes posible.

In this program your child will be in an intensive English class for part of the day.
En este programa su hijo(a) estará en una clase de inglés intensivo durante parte del día.

After a few months, your child will spend the entire day in the regular classroom.
Después de varios meses, su hijo(a) pasará todo el día en la clase regular.

However, intensive instruction in English will continue until he (she) is determined to be fluent in English.
Sin embargo, la instrucción intensiva en inglés continuará hasta que se determine que él (ella) tenga dominio del inglés.

You can help by encouraging him (her) to speak English outside the classroom.
Usted puede ayudar animándole(a) a hablar inglés fuera de la clase.

You can also assist by allowing him (her) to watch appropriate English-speaking TV programs.
También puede ayudar si le permite ver programas appropiados en inglés en la televisión.

Adult English Classes
Las clases de inglés para adultos

It is very important that persons living in the United States learn to speak English.
Es muy importante que las personas que residen en los Estados Unidos aprendan a hablar inglés.

The school district is offering daytime (evening) classes for non-English-speaking parents who have children in our schools.
El distrito escolar está ofreciendo clases diurnas (nocturnas) para padres que no hablan inglés y que tienen niños en nuestras escuelas.

Here is a schedule of times and locations of the Adult English Classes.
Aquí tiene un programa con el horario y lugar para las clases de inglés para adultos.

There is no charge for the classes.
No hay que pagar por las clases.

The city's adult education department will be offering a series of adult English classes.
El departamento de educación de adultos de la ciudad ofrecerá una serie de clases de inglés para adultos.

These classes are open to anyone 18 years or older.
Estas clases están disponibles a cualquier persona mayor de 18 años.

Babysitting will (will not) be provided.
Habrá (No habrá) disponible un servicio de guardería infantil.

Children are not allowed to be in the English classes with their parents.
No se permite que los niños estén en las clases de inglés junto con sus padres.

They must stay in the on-site child care program.
Se deben quedar en el programa de cuidado de niños.

Adults will take turns sharing babysitting responsibilities.
Los adultos tomarán turnos compartiendo las responsabilidades del cuidado de los niños.

When you enroll in the English classes you will be asked to sign up for a turn to babysit if you plan to bring your children with you.
Cuando usted se matricule en las clases de inglés le pedirán que se comprometa a tomar un turno cuidando a los niños si piensa traer a sus hijos.

Please make arrangements for child care prior to beginning the classes.
Por favor ocúpese de conseguir a alguin que cuide a su(s) niños(s) antes del inicio de las clases.

Gifted and Talented Education
La educación para dotados y talentosos

Your child's teacher has recommended that _____ (name) be screened for placement in the district's program for gifted students.
El maestro de su hijo(a) ha recomendado que _____ (nombre) tome un examen de selección para colocación en el programa de estudiantes dotados y talentosos del distrito.

Children selected for the program possess a capacity for excellence far beyond that of the other students.
Los niños seleccionados para el programa poseen una capacidad para excelencia muy superior a la de otros estudiantes.

Because of the unique needs of these students it is necessary to provide services and programs geared to their advanced level.
Debido a las necesidades particulares de estos estudiantes, es indispensable proporcionarles servicios y programas acordes a su nivel avanzado.

Teachers working with gifted children are given special training in order to understand their special needs.
Los maestros que trabajan con niños dotados o talentosos reciben entrenamiento especial para entender sus necesidades especiales.

Teachers develop special lessons and activities appropriate for gifted students.
Los maestros desarrollan actividades y lecciones apropiadas para estudiantes dotados o talentosos.

Written permission is required before a child can be screened for this program.
Se requiere un permiso escrito para que un niño sea examinado para este programa.

The screening consists of reviewing test results, classroom performance data and teacher recommendations as well as other information.
La prueba consiste en la revisión de resultados de exámenes, información del desempeño en las clases, recomendaciones del maestro, así como otras informaciones.

You can help us with the screening by completing the parent checklist.
Usted puede colaborar en la prueba llenando la hoja de información de los padres.

Please check those statements you believe describe your child.
Por favor, señale los aspectos que usted cree describen a su hijo(a).

You will be notified in writing as to the results of the screening.
Los resultados de la prueba le serán notificados por escrito.

Should your child be selected, your signature is required before your child can participate.
Si su hijo(a) resulta seleccionado(a), se requiere que usted firme autorizando su participación.

If your child participated in a gifted program at a previous school it will (will not) be necessary to rescreen him (her).
Si su hijo(a) participó en un programa para dotados o talentosos en una escuela anterior, tendrá (no tendrá) que presentar de nuevo el examen de selección.

Federal and State Programs
Los programas federales y estatales

The school district has developed several programs to ensure that students working below grade level receive special assistance.
El distrito escolar ha establecido varios programas para asegurarse de que los estudiantes que están por debajo del nivel de su grado reciben ayuda especial.

These programs are funded by the state and federal government.
Estos programas reciben fondos del gobierno estatal y federal.

Some children, from time to time, benefit from individual or small group instruction.
Algunos niños se pueden beneficiar, de vez en cuando, de la enseñanza individual o en pequeños grupos.

These programs are of shorter duration than the Special Education program.
Estos programas duran menos que los de educación especial.

Specialized instruction is usually provided in reading and/or mathematics.
La enseñanza especializada se proporciona usualmente en lectura y/o matemáticas.

Qualification for the program is based on student performance, on standardized test results and the teacher's evaluation of classroom performance.
La calificación para el programa se basa en el desempeño del estudiante, resultados de exámenes y evaluaciones del maestro.

The program consists of individual tutoring, use of special materials, computer assisted instruction and small group teaching.
El programa consiste de tutoría individual, uso de materiales especiales, enseñanza con ayuda de computadoras y en pequeños grupos.

Parents of participating students receive a progress report periodically.
Los padres de los estudiantes que participan reciben registros de progreso periódicamente.

Magnet Schools
Las escuelas de especialidades

Our district is fortunate to have a number of magnet schools.
Nuestro distrito es afortunado porque cuenta con un número de escuelas de especialidades.

Attendance at a magnet school will probably mean going to a school outside the regular area of residence.
Acudir a una escuela de especializdad probablemente implicará ir a una escuela fuera del área del domicilio.

Each magnet school has a particular focus, such as mathematics, science, computer science, visual and performing arts or foreign language.
Cada escuela de especialidad se concentra en un área en particular, tal como matemáticas, ciencias, sciencia de computación, artes visuales y teatro, o lenguas extranjeras.

Parents must complete a magnet school application for the school of their choice.
Los padres deben llenar una solicitud para la escuela de especialidad de su preferencia.

Enrollment is based on a number of factors such as school of residence and available room.
La aceptación depende de diversos factores tales como la escuela correspondiente al domicilio y la disponibilidad de plazas.

Some schools require some type of parent participation as a condition of enrollment.
Ciertas escuelas requieren algún tipo de participación de los padres como condición de aceptación del estudiante.

Parents are responsible for transporting their children to and from the magnet school.
Los padres son responsables de llevar y recoger a sus hijos de la escuela de especialidad.

The district provides bus transportation from the school of residence to the magnet school.
El distrito proporciona transporte desde la escuela del lugar de residencia hasta la escuela de especialidad.

There is (is not) a charge for magnet school bus transportation.
Se cobra (No se cobra) una cuota por el servicio de transporte a la escuela de especialidad.

Vocabulary for Students With Special Needs and Abilities
La terminología para alumnos con necesidades y habilidades especiales

aptitude	**la aptitud**
assessment	**la evaluación; la estimación**
attention deficit disorder	**el síndrome de falta de atención**
attention span	**la duración de prestar atención**
attention span, lack of	**la falta de atención; el lapso de atención**
auditory problems	**los problemas auditivos (del oído)**
capacity	**la capacidad**
counseling	**el asesoramiento**
creative, highly	**muy creativo(a)**
daydream, to	**soñar despierto**
deformity	**la deformidad**
dexterity	**la destreza**
difficulty	**la dificultad**
disability	**la inhabilidad; la incapacidad**
disadvantage	**la desventaja**
disturbance	**el alboroto**
dominant	**dominante**
emotional state	**el estado emocional**
evaluation	**la evaluación**
gifted	**inteligente; dotado(a); talentoso(a)**
handicapped	**impedido(a), discapacitado(a)**
identification	**la identificación**
inappropriate	**impropio**
inattention	**la desatención**
individual educational plan	**el programa educativo individualizado**
intelligent, highly	**muy inteligente**
intervention	**la intervención**
learning problem	**el problema de aprendizaje**
lip reading	**el leer los labios; la labiolectura**
loss of thought	**la pérdida de pensamiento**
memory, visual	**la memoria visual**
moods	**los accesos de mal humor**
motor sensory functioning	**el funcionamiento motorsensorio**
needs, exceptional	**las necesidades excepcionales**
neurosis	**la neurosis**

outburst	**el arrebato de cólera**
	una explosión de cólera
physical problems	**los problemas físicos**
program, individualized	**el programa individualizado**
psycho-linguistic	**sicolingüístico(a);**
	psicolingüístico(a)
psychological	**psicológico(a)**
qualify, to	**calificar**
reassessment	**la reevaluación**
review, annual	**la revista anual**
review, triennial	**la revista trienal**
screening test	**el examen de selección**
self-control	**el dominio de sí mismo**
self-discipline	**la autodisciplina**
spatial	**espacial**
speech clinic	**la clínica del habla (del lenguaje)**
speech correction	**la rehabilitación del habla**
speech impediment	**el impedimento del habla**
speech therapy	**la terapia del habla**
stutter, to	**tartamudear**
tutoring	**las clases particulares**
	la ayuda individual
weakness(es)	**la(s) debilidad(es)**

Assisting Sick or Injured Children

Assisting Sick or Injured Children
Ayudando a los niños enfermos o lesionados
Tú and Usted Forms

Examining, Questioning and Assisting a Student
Examinando, cuestionando y ayudando a un estudiante

What happened?
¿Qué pasó?

What's wrong?
¿Qué tienes? ¿Qué pasó?

Tell me what happened.
Dime qué pasó.

How do you feel?
¿Cómo te sientes?

Tell me again.
Dime otra vez. (Repítemelo.)

I don't understand.
No entiendo.

Please lie down here.
Acuéstate aquí, por favor.

Lie down on the bed (cot) until I can help you.
Acuéstate en la cama (camilla) hasta que pueda atenderte.

Please stand up and come over here.
Por favor, levántate y ven aquí.

Look at me.
Mírame.

Was there an accident?
¿Hubo un accidente?

Where (When) did it happen?
¿Dónde (Cuándo) pasó?

Were you in a fight?
¿Te peleaste?

Are you sick?
¿Estás enfermo(a)?

Don't you feel well?
¿No te sientes bien?

When did you begin to feel sick?
¿Cuándo empezaste a sentirte mal?

How long have you been sick?
¿Cuánto tiempo has estado enfermo(a)?

Were you sick yesterday (last night)?
¿Estuviste enfermo(a) ayer (anoche)?

How did you feel yesterday (last night, this morning)?
¿Cómo te sentías ayer (anoche, esta mañana)?

Are you thirsty?
¿Tienes sed?

Are you nauseated?
¿Tienes náuseas?

Do you feel weak?
¿Te sientes débil?

Are you tired?
¿Estás cansado(a)?

Do you have a headache (stomachache)?
¿Tienes dolor de cabeza (dolor de estómago)?

Do you have any other kind of pain?
¿Tienes algún otro tipo de dolor?

Are you taking any kind of medicine?
¿Estás tomando algún tipo de medicina?

What are you taking?
¿Qué tomas?

Did a doctor prescribe the medicine?
¿Te recetó un médico la medicina?

Are you using any home remedies? What are they?
¿Usas algunos remedios caseros? ¿Qué son?

Did you eat your lunch?
¿Tomaste el almuerzo?

Did you eat breakfast today?
¿Tomaste el desayuno hoy?

What did you eat today for breakfast (lunch)?
¿Qué comiste hoy en el desayuno (almuerzo)?

When did you eat last?
¿Cuándo fue tu última comida?

Why don't you want to eat?
¿Por qué no quieres comer?

Why aren't you hungry?
¿Por qué no tienes hambre?

Do you have any allergies?
¿Tienes alergias?

What time do you usually go to bed?
¿A qué hora te acuestas usualmente?

What time do you usually get up in the morning?
¿A qué hora te levantas usualmente por la mañana?

When did you last see a doctor?
¿Cuándo fue la última vez que fuiste a un médico?

What did you see the doctor for?
¿Para qué viste el doctor?

Is this doctor still taking care of you?
¿Todavía te atiende ese doctor?

Injuries and Pain
Las lesiones y el dolor

Show me where it hurts.
Muéstrame dónde te duele.

Point to where you have the pain.
Señálame dónde te duele.

Take off your shoes and socks.
Quítate los zapatos y los calcetines.

Roll up your pant leg (sleeve).
Arremángate el pantalón (la manga).

If something hurts, tell me.
Si algo te duele, dímelo.

Don't touch it.
No lo toques.

Don't try to move it.
No trates de moverlo.

Bend over.
Dóblate.

Lean on me.
Apóyate en mí.

You have a (bad) cut.
Tienes una (grave) cortadura.

How did you get hurt?
¿Cómo te lastimaste?

What happened to your _____?
¿Qué le pasó a tu _____?

Did you fall?
¿Te caíste?

How (Where) did you fall?
¿Cómo (Dónde) te caíste?

Can you walk?
¿Puedes caminar?

Don't try to move yourself.
No trates de moverte.

I'm going to put a splint (triangular bandage) on your arm (leg).
Te voy a poner una tablilla (venda triangular) en el brazo (la pierna).

Please hold it in place.
Por favor, sostenlo allí.

It will make you feel more comfortable until you can go to a doctor.
Te hará sentirte más cómodo(a) hasta que puedas ir al un médico.

Are you in pain now?
¿Tienes dolor ahora?

This will hurt a little.
Esto va a doler un poco.

You will be fine after you rest for a few minutes.
Estarás bien después de descansar unos minutos.

You will need to see a doctor.
Necesitas ver a un médico.

You will need to stay off the playground for the rest of the day.
No podrás jugar en el patio de recreo durante el resto del día.

I want to check your injury tomorrow.
Quiero examinar tu herida mañana.

If you hurt yourself again, let me know right away.
Si te lastimas otra vez, avísame inmediatamente.

Bee Stings
Las picaduras de abeja

Did a bee sting you?
¿Te picó una abeja?

Have you ever been stung by a bee before?
¿Te ha picado una abeja antes?

What happened that time?
¿Qué pasó esa vez?

Did you have swelling or problems breathing?
¿Te hinchaste o tuviste problemas al respirar?

Did you see a doctor that time?
¿Viste a un médico esa vez?

What did the doctor say?
¿Qué te dijo el médico?

Do you know if you have an allergy to bee stings?
¿Sabes si tienes alergia a las picaduras de abeja?

I'm going to put this on your bee sting.
Voy a poner esto en la picadura.

Please sit here until I tell you that you can leave.
Por favor, siéntate aquí hasta que te diga que puedes salir.

We have the medicine the doctor prescribed for you for bee stings. I'm going to give it to you now.
Tenemos la medicina que el médico te recetó para las picaduras de abeja. Te la voy a dar ahora.

I'll need to call your parents and tell them you've been stung by a bee.
Necesito llamar a tus padres para decirles que te ha picado una abeja.

You will feel much better soon.
Pronto te sentirás mucho mejor.

Nose Bleeds
El sangramiento por la nariz

How did you get that bloody nose?
¿Cómo te empezó a sangrar la nariz?

Were you in a fight? Did you fall?
¿Te peleaste? ¿Te caíste?

I'm going to take care of it for you. Just do as I say.
Te lo voy a curar. Haz lo que te digo.

Lean slightly forward.
Inclínate un poco hacia delante.

Pinch your nostrils tight with the tissue for five minutes.
Apriétate la nariz con el pañuelo por cinco minutos.

Sit that way until I tell you to move.
Siéntate así hasta que te diga que te puedes mover.

Do not blow your nose for a few hours.
No te suenes la nariz por unas horas.

You can put the tissues in the wastebasket now and return to class.
Echa los pañuelos en la cesta ahora y vuelve a clase.

Bladder Control
El control de la vejiga

Did you wet your pants?
¿Te mojaste los calzoncillos? ("calzones" for females)

We'll need to get you into some clean clothes.
Tenemos que ponerte ropa limpia.

Do you have this problem very often?
¿Tienes este problema con frecuencia?

Do you wet the bed at night?
¿Mojas la cama por la noche?

I'll call home and have someone bring you a change of clothes.
Llamaré a tu casa para que alguien te traiga ropa limpia.

When you are in class and need to use the restroom, raise your hand.
Cuando estás en la clase y necesitas usar el baño, levanta la mano.

Blisters
Las ampollas

It looks like your blister broke.
Parece que se abrió tu ampolla.

I'm going to wash it out with some soap and water.
Voy a lavártela con agua y jabón.

I'll put a bandage on it.
Te voy a poner una venda.

Maybe that will make it feel better.
Quizás eso hará que te sientas mejor.

You'll have to stay off the bars for awhile.
No podrás jugar en las barras por un tiempo.

You may return to class now.
Puedes volver a clase ahora.

Sickness
La enfermedad

Colds and Flu
Los resfriados y la gripe

Do you have a cold?
¿Tienes catarro?

Do you get a lot of colds?
¿Tienes catarros con frecuencia? or **¿Te resfrías mucho?**

Do you cough frequently?
¿Toses con frecuencia?

Please cover your mouth when you cough.
Cúbrete la boca cuando tosas, por favor.

Please use your handkerchief.
Usa el pañuelo, por favor.

Please blow your nose.
Suénate la nariz, por favor.

Are you taking medicine for your cold (flu)?
¿Estás tomando medicina para el resfriado (la gripe)?

What have you taken?
¿Qué has tomado?

You should stay home when you are sick.
Debes quedarte en casa cuando estás enfermo(a).

I want to examine your throat. Please open your mouth wide and say "ah."
Quiero examinarte la garganta. Por favor, abre la boca bien y di "ah."

Your throat looks healthy.
Tu garganta parece estar bien.

You have a very red, inflamed throat.
Tienes la garganta muy inflamada y enrojecida.

Lie down and I'll call your mother to come and pick you up.
Acuéstate y llamaré a tu mamá para que venga a recogerte.

Fever
La fiebre

Open your mouth.
Abre la boca.

Stick out your tongue.
Saca la lengua.

I'm going to take your temperature.
Voy a tomarte la temperatura.

Close your mouth.
Cierra la boca.

Keep your mouth closed tight.
Ten la boca cerrada. (or) **Aprieta los labios.**

You can open your mouth now.
Puedes abrir la boca ahora.

I'll have to take your temperature under your arm.
Tendré que tomarte la temperatura en el sobaco.

Please pull up your shirt (blouse).
Por favor, levanta tu camisa (blusa).

Keep your arm tight to your body.
Ten el brazo apretado contra el cuerpo.

I'm going to remove the thermometer now.
Voy a quitarte el termómetro ahora.

You have (don't have) a fever.
Tú tienes (no tienes) fiebre.

Do you know how long you have been running a fever?
¿Sabes desde cuándo tienes fiebre?

You should never come to school when you have a fever.
Nunca debes venir a la escuela con fiebre.

You will have to go home now. I'll call your parents.
Tendrás que irte a casa ahora. Llamaré a tus padres.

Nausea
La náusea

Do you feel nauseated?
¿Estás mareado(a)? or ¿Tienes náusea?

How long have you felt nauseated?
¿Desde cuándo estás mareado(a)? or ¿Desde cuándo tienes náusea?

Do you have any idea what's causing your nausea?
¿Sabes lo que te causa tu náusea?

Have you been running around a lot on the playground?
¿Has corrido mucho en el patio de recreo?

Have you eaten something that made you sick?
¿Has comido algo que te puso enfermo(a)?

Have you vomited? More than once?
¿Has vomitado? ¿Más de una vez?

Did you vomit at home before you came to school?
¿Vomitaste en casa antes de venir a la escuela?

Lie down and rest awhile and see if you feel better.
Acuéstate y descansa un rato a ver si te sientes mejor.

Checking for Contagious Diseases
El examen físico para detectar las enfermedades contagiosas

I need to check your head for lice. It will only take a minute.
Te tengo que examinar la cabeza para ver si tienes piojos. Es sólo un momento.

You have head lice and will need to stay at home and use a special medicine until they are gone.
Tienes piojos y necesitas quedarte en casa y usar una medicina especial hasta que desaparezcan.

You have _____ and will need to go home and stay there until you are no longer contagious.
Tienes_____ y necesitas irte a casa y quedarte allí hasta que pase la etapa contagiosa.

You will need to see a doctor, and we will have to have a note from him (her) before you return to school.
Tendrás que ver a un médico, y necesitaremos una carta del médico antes de que regreses a la escuela.

Medical Treatment and Medicine
El tratamiento médico y las medicinas

I'm going to give you your medicine.
Voy a darte tu medicina.

Please fill the paper cup with water.
Por favor, llena el vaso de papel con agua.

Take this pill (medicine).
Toma esta píldora (medicina).

I'm going to wash (bandage) your cut.
Te voy a lavar (poner una venda en) la cortadura.

I'm going to change your bandage.
Voy a cambiarte la venda.

This may hurt a little.
Puede que esto duela un poco.

I'm going to put an ice pack on your _____.
Voy a ponerte una bolsa de hielo en tu _____ .

Please hold it on your injury.
Por favor, mantenla apretada contra tu herida.

Using the Bathroom and Cleaning Up
Usando el cuarto de baño y recogiendo

Do you have to go to the bathroom?
¿Tienes que ir al baño?

Do you know where the bathroom is? Let me show you.
¿Sabes dónde está el baño? Déjame mostrarte.

Can you show _____ where the bathroom is? (spoken to another student)
¿Puedes mostrar a _____ dónde está el baño?

The bathroom is next to the office (down the hall).
El baño está al lado de la oficina (al fondo del pasillo).

I'm going to wash your _____.
Te voy a lavar la (el) _____.

Let me wipe that off for you.
Déjame limpiarte eso.

Put your hand (finger, arm) in the sink and I'll rinse it off.
Pon la mano (el dedo, el brazo) en el lavabo y te la (lo) enjuagaré.

Please wash your hands.
Lávate las manos, por favor.

Sending a Student Home
Regresando a un estudiante a casa

I'm going to send you home.
Te voy a mandar a casa.

You have to stay home until you are well.
Tienes que quedarte en casa hasta que te sientas bien.

You are contagious and need to stay home until you are well.
Estás contagioso(a) y necesitas quedarte en casa hasta que te cures.

When you do return to school, come to the office to be checked before returning to class.
Cuando regreses a la escuela, ven a la oficina para que te revisemos antes de que vayas a tu clase.

You need to see a doctor.
Necesitas ir a un médico.

I will make an appointment at the clinic (doctor) for you.
Te voy a hacer una cita con la clínica (el médico).

Your mother needs to make an appointment at the clinic (with the doctor).
Tu mamá necesita hacer una cita con la clínica (el médico).

You need to bring a note from the clinic (doctor).
Necesitas traer una nota de la clínica (del médico).

Take this paper home and give it to your parents.
Lleva este papel a casa y dáselo a tus padres.

Did you bring a coat to school?
¿Trajiste un abrigo a la escuela?

Do you have anything in your classroom that you need to take home?
¿Tienes algo en tu sala de clase que necesitas llevar contigo a casa?

Is your mother (anyone) at home?
¿Está en casa tu mamá (alguien)?

Does your mother work? Where?
¿Trabaja tu mamá? ¿Dónde?

Do you have a phone?
¿Tienes teléfono?

What is your phone number?
¿Cuál es tu número de teléfono?

Wait here while I call your mother.
Espera aquí mientras llamo a tu mamá.

Does your mother (babysitter) speak English?
¿Habla inglés tu mamá (la niñera)?

Who takes care of you if your mother is not at home?
¿Quién te cuida si tu mamá no está en casa?

Your mother is going to come for you.
Tu mamá va a venir a recogerte.

I want to see you the first day you return to school.
Quiero verte el primer día que regreses a la escuela.

I hope you feel better soon.
Espero que te sientas mejor pronto.

Releasing a Student to the Classroom
Permitiendo que un estudiante regrese a clase

Who is your teacher?
¿Quién es tu maestro?

Take this to your teacher (counselor, vice principal).
Lleva esto a tu maestro(a) (consejero, vice director).

Can you go back to your room by yourself?
¿Puedes regresar a tu clase solo(a)?

Go right back to class.
Ve directamente a clase.

I'll take you back to class.
Yo te llevaré a tu clase.

Come with me to the office (classroom, playground).
Ven conmigo a la oficina, (la clase, el patio de recreo).

Please be careful.
Ten cuidado, por favor.

I hope you feel better soon.
Espero que te sientas mejor pronto.

If you hurt yourself again, let me know right away.
Si te lastimas otra vez, avísame inmediatamente.

Take care of yourself.
Cuídate.

Communicating With Parents About Sick Children
Comunicando con los padres de niños enfermos

Calling Parents About Sick Children
Llamando a los padres de niños enfermos

Good morning (afternoon). My name is _____.
Buenos días (Buenas tardes). Me llamo _____.

I am calling from _____ School.
Le llamo de la escuela _____ .

I am the school secretary.
Soy la secretaria de la escuela.

Who am I speaking with?
¿Con quién hablo?

What is your name?
¿Cómo se llama usted? or **¿Cuál es su nombre?**

Do you speak English?
¿Habla usted inglés?

Are you _____'s mother (father, relative, babysitter)?
¿Es usted la mamá (el papá, un familiar, la niñera) de _____?

I need to speak with you about _____.
Necesito hablar con usted sobre _____.

Why was _____ absent yesterday (last week)?
¿Por qué faltó _____ ayer (la semana pasada)?

How long has _____ been sick?
¿Cuánto tiempo hace que está enfermo(a) _____ ?

Is he (she) sick? What does he (she) have?
¿Está enfermo(a)? ¿Qué tiene?

Is _____ taking any kind of medication?
¿Está tomando _____ algún tipo de medicamentos?

What are _____'s symptoms?
¿Qué síntomas tiene _____?

What is his (her) temperature?
¿Qué temperatura tiene?

Has your child been seen by a doctor?
¿Lo ha visto a su hijo(a) el médico?

What did the doctor say?
¿Qué dijo el médico?

You need to consult your doctor or clinic each time your child has a problem like this.
Usted necesita consultar a su médico o clínica cada vez que su niño(a) tiene un problema como éste.

When will _____ return to school?
¿Cuándo va a regresar a la escuela _____?

Will you be home at _____ today?
¿Estará en casa a la(s) _____ hoy?

Sending Sick Children Home
Enviando a casa los niños enfermos

Your child is ill.
Su niño(a) está enfermo(a).

_____ needs to go home at once.
_____ tiene que irse a casa inmediatamente.

_____ has a fever (stomachache, headache, _____).
_____ tiene fiebre (dolor de estómago, dolor de cabeza, _____).

Your child tells us he (she) came to school sick. How long has he (she) been sick?
Su niño(a) nos dice que vino enfermo(a) a la escuela. ¿Desde cuándo ha estado enfermo(a)?

_____ should have stayed home today.
_____ debería haberse quedado en casa hoy.

_____ needs to rest in bed.
_____ necesita descansar en cama.

_____ needs to stay in bed until his (her) fever is gone.
_____ necesita guardar cama hasta que no tenga fiebre.

Can you or someone else come and pick him (her) up (as soon as possible)?
¿Puede usted, u otra persona, venir a recogerlo(la) (tan pronto como sea posible)?

Please come and pick up your child as soon as possible.
Por favor venga y recoja a su niño(a) tan pronto como sea posible.

He (She) will be waiting in the school office (nurse's office).
El (Ella) estará esperando en la oficina de la escuela (de la enfermera).

Sending Sick Children to School
Enviando a los niños enfermos a la escuela

Please don't send your children to school when they have any of the following symptoms:
Por favor, no envíe a los niños a la escuela cuando tienen alguno de estos síntomas:

fever	**fiebre**
diarrhea	**diarrea**
sore throat	**dolor de garganta**
infected throat	**infección de garganta**
dizziness or nausea	**mareos o vómitos**
head lice (nits)	**piojos (liendres)**
cold	**resfriado**
cough	**tos**
swollen eyes	**ojos inflamados**
skin rash	**erupción en la piel**
tonsillitis	**anginas inflamadas**
contagious diseases	**enfermedades contagiosas**

When children don't feel well they don't learn well.
Cuando los niños no se sienten bien no aprenden bien.

When your child comes to school sick, he (she) could be infecting other children.
Cuando su hijo(a) viene a la escuela enfermo(a), él (ella) puede infectar a otros niños.

Health - General Phrases
La salud - frases comunes

acute state	**el estado grave**
administration by inhalation	**la administración por inhalación**
administration of medication	**la administración de la medicina**
administration, oral	**la administración oral**
administration, topical	**la administración tópica**
attention, professional	**la atención profesional**
case, severe	**el caso severo**
child, sick	**el (la) niño(a) enfermo(a)**
children, excluded	**los niños excluidos**
clinic, community	**la clínica de la comunidad**
complications, potential	**la posibilidad de complicaciones**
complications, serious	**las complicaciones serias**
condition, disabling	**la condición que incapacita**
condition, medical	**la condición médica**
condition, serious	**la condición seria; la condición grava**
consent	**el consentimiento**
contact, direct	**el contacto directo**
contagious	**contagioso(a)**
contagious, highly	**muy contagioso(a)**
Department of Public Health	**El Departamento de Salud Pública**
developmental health history	**la historia de la condición médica**
disability, temporary	**la incapacidad temporal**
disease, communicable	**la enfermedad contagiosa**
disease, contagious	**la enfermedad contagiosa**
disease, spread of	**la propagación de la enfermedad**
documentation, necessary	**la documentación necesaria**

dose(s) additional	la dosis adicional
effects	los efectos
epidemic	la epidemia
examination, physical	el examen médico
examined, to be	ser reconocido(a); ser examinado(a)
exclude from school, to	excluir de la escuela
excluded, to be	estar excluido(a)
exclusion from attendance	la exclusión de asistencia
health check-up	el reconocimiento médico; el examen médico
health history	el historial de la condición médica
health problems	los problemas de salud
health problems, chronic	las enfermedades crónicas
health records	el expediente médico
health screening	el reconocimiento médico; el examen médico
home care	el cuidado médico en casa
illness, serious	la enfermedad seria; la enfermedad grave
immunization	la inmunización; la vacunación
immunization requirement	el requisito de inmunización; el requisito de vacunas
immunizations, required	las inmunizaciones requeridas
impairment	el impedimento; la discapacidad
incubation period	el período de incubación
infestation	la infestación
information card, medical	la tarjeta de información médica
injury, head	la lesión de la cabeza
instructions, special	las instrucciones especiales
limitation of physical activity	la limitación de actividades físicas
medical intervention	la intervención médica
medical problems	los problemas médicos
medication	los medicamentos; las medicinas
medication, to administer	administrar la medicina
medication, to take	tomar la medicina
observe, to	observar
permission, written parental	el permiso por escrito de los padres
personal hygiene program	el programa de higiene personal
persons, infected	las personas infectadas
referral, medical	la acción de enviar un paciente a un especialista

reinfestation	**la reinfestación**
restrictions, physical	**las restricciones físicas**
safety procedures	**los procedimientos de seguridad**
school health office	**la oficina escolar de salubridad**
school nurse	**la enfermera escolar**
screening program	**el programa de selección y eliminación**
symptoms	**los síntomas**
temperature	**la temperatura; la calentura; la fiebre**
treatment, medical	**el tratamiento médico**
treatment, prompt	**el tratamiento inmediato**
waiver of health check-up	**la exclusión de tomar el reconocimiento médico**

Notes

Reporting Student Progress

Reporting Student Progress
Reportando el progreso de los estudiantes
Usted Form

Report Cards
Las tarjetas de calificación

Keeping you informed of your child's progress in school is of primary importance.
Es de primera importancia mantenerse informado del progreso de su hijo(a) en la escuela.

You are encouraged to speak with your child's teacher regarding classroom performance at any time.
Usted debe sentirse libre de hablar con el (la) maestro(a) de su hijo(a) en cualquier momento acerca de su actuación en el salón de clases.

You will receive a written report card describing your child's progress twice (three times) a year.
Usted recibirá un reporte por escrito describiendo el progreso de su hijo(a) dos (tres veces) al año.

The report card will be written in English (Spanish).
La tarjeta da calificación estará escrita en inglés (español).

The report card describes your child's academic achievement, effort and citizenship.
La tarjeta da calificación describe el progreso de su hijo(a) en términos académicos, de esfuerzo y civismo.

The report card will be given to your child to take home.
La tarjeta da calificación será entregada a su hijo(a) para que lo lleve a casa.

Report cards are sent by mail, and can be returned by mail, in person, or returned by the child.
Las tarjetas de calificaciones se envían por correo, y pueden ser devueltas por correo, en persona, o por medio del estudiante.

The report card needs to be signed by one parent and returned to the teacher within one week.
Las tarjetas de calificaciones deben ser firmadas por uno de los padres y deben ser devueltas al maestro (a la maestra) en el lapso de una semana.

We encourage you to discuss the report card with your child.
Les animamos a que discutan la tarjeta de calificaciones con su hijo(a).

Try to praise your child for the positive aspects of the report card.
Trate de elogiar a su hijo(a) por los aspectos postivos de la tarjeta de calificaciones.

This is a good time to discuss specific plans for extra effort in areas that require improvement.
Esta es una buena oportunidad para discutir planes específicos para progresar en las áreas que requieran ser mejoradas.

As a parent, you can help by providing a definite time and place for home study.
Como padres de familia ustedes pueden ayudar al proveer un tiempo y un espacio adecuado para estudiar en casa.

It is very important that the study area is free from distractions and interruptions.
Es muy importante que el área de estudio esté libre de distracciones e interrupciones.

If you have questions about the report card, you can contact your child's teacher.
Si usted tiene preguntas acerca de la tarjeta de calificaciones, puede contactar al (a la) maestro(a) de su hijo(a).

Your child , _____, has not returned his (her) report card to the teacher.
Su hijo(a), _____, no ha devuelto la tarjeta de calificaciones al maestro.

Please sign it and return it to the teacher tomorrow.
Por favor, fírmela y devu élvala al (a la) maestro(a) mañana.

We appreciate your cooperation.
Apreciamos su cooperación.

Parent Conferences
Las conferencias con padres

Once (Twice) a year the school holds parent-teacher conferences.
Una vez (Dos veces) al año, la escuela realiza conferencias entre padres y maestros.

This is an excellent opportunity for you to meet individually with your child's teacher(s).
Esta es una excelente oportunidad para que se reúna individualmente con el maestro (los maestros) de su hijo(a).

We encourage both parents to attend if possible.
Les invitamos a que acudan ambos padres si les es posible.

A translator will be provided if necessary.
Si es necesario, se proporcionará un traductor.

We do not have translators available for the conferences.
No tenemos traductores disponibles para las conferencias.

If you have an older child, relative or friend who could serve as translator, please bring him or her along.
Si usted tiene un niño mayor, pariente o amigo que pudiera servir como traductor, por favor traígalo.

We will send home a schedule giving the date and time of your appointment.
Enviaremos a su casa un horario, señalándole la fecha y hora de su cita.

If you are unable to keep the appointment, please indicate this on the appointment slip.
Si no puede acudir a la cita, por favor indíquelo en el formulario de la cita.

You may call the school to cancel and reschedule.
Usted puede llamar a la escuela para cancelar la cita o para reprogramarla.

If it is necessary to cancel at the last minute, please call the school office.
Si es necesario cancelar de último minuto, por favor llame a la oficina de la escuela.

Please make every effort to come at the designated time.
Por favor, haga el esfuerzo por acudir a su cita a la hora asignada.

There will be no classes on _____ (date) because of parent-teacher conferences.
El _____ (fecha) no habrá clases debido a que se llevarán a cabo las conferencias entre padres y maestros.

There will be a minimum day on _____ (date) because of parent-teacher conferences.
El _____ (fecha) se impartirá un mínimo de clases debido a las conferencias entre padres y maestros.

Are you here for a parent-teacher conference?
¿Está aquí para la conferencia entre padres y maestros?

Do you have your appointment slip with you?
¿Trae consigo el recordatorio de la cita?

Let me see it so I can direct you to the correct room.
Déjeme verlo para poder dirigirle al salón correcto.

_____ (Name) will take you to the room where the conference is being held.
_____(Nombre) lo llevará al salón donde se está llevando a cabo la conferencia.

Terminology for Reporting Student Progress
La terminología para reportar el progreso del estudiante

ability, average	**la habilidad promedio; la capacidad media**
achievement	**el éxito; el logro**
appointment	**la cita**
attend, to	**asistir**
average	**el promedio**
average, above	**superior al promedio; mejor que el promedio; superior a la media**
average, below	**inferior al promedio; peor que el promedio; inferior a la media**
conference, parent-teacher	**la conferencia entre padres y maestros**
discuss, to	**discutir**
grade level, above	**superior al nivel del grado**
grade level, at	**al nivel del grado**
grade level, below	**inferior al nivel del grado**
grade point average	**el promedio de las notas**
grade(s)	**la calificación; las calificaciones la(s) nota(s); el (los) grado(s)**
improvement	**el mejoramiento; el avance**
individualized progress report	**el informe individual de progreso**
inform, to	**avisar; informar**
informed, to keep one	**estar al corriente de; ponerse al corriente; informarse**

mastery	**el dominio**
meet requirements, to	**satisfacer los requisitos**
performance	**el cumplimiento; el resultado**
performance, student	**el cumplimiento del estudiante**
repeat (to repeat a class, year)	**repetir**
report card	**la tarjeta de calificaciones**
report, verbal progress	**el informe verbal sobre el progreso**
report, written progress	**el informe escrito sobre el progreso**
request a conference, to	**pedir una conferencia**
SAT results	**los resultados del exámen SAT**
schedule	**el horario**
scores	**las calificaciones**
scores, test	**los resultados del exámen (de los exámenes)**
skills, basic	**las habilidades básicas**
support, parental	**el apoyo de los padres**
test results	**los resultados de los exámenes**
tests, state	**los examenes del estado**
time, scheduled	**la hora fijada; la hora establecida**

Notes

Student Behavior and Discipline

Student Behavior and Discipline
La conducta y disciplina del estudiante
Tú and Usted Forms

General School Rules and Behavior Expectations
Las reglas generales de la escuela y expectativas de conducta

The _____ School District has a discipline plan in place at all schools.
El Distrito Escolar de _____ tiene en vigor un plan de disciplina para todas las escuelas.

Parents are given a copy of the classroom and school rules by the teacher.
El (La) maestro(a) entrega a los padres una copia de las reglas de la escuela y del salón de clases.

_____ School has a student code of conduct that is strictly enforced.
La escuela _____ tiene un código de conducta que es aplicado estrictamente.

Every student is required to arrive in class on time.
Se requiere que todos los estudiantes lleguen a clase a tiempo.

Students must be in their seats when the tardy bell rings.
Los estudiantes deben estar en sus asientos cuando suene la campana.

Students may not be in the corridors during class time unless given an official hall pass by the teacher.
Los estudiantes no deben estar en los pasillos durante las horas de clase, a menos que tengan un pase oficial otorgado por el maestro.

Food and beverages are allowed only in designated areas.
Los alimentos y las bebidas están permitidos sólo en las áreas designadas.

Everyone is responsible for a clean and orderly campus. Trash must be deposited in trash cans.
Cada quien es responsable de la limpieza y orden del campus. Los desperdicios deben ser depositados en los botes de basura.

Students are never allowed in the faculty parking lot.
Los estudiantes nunca deben estar en el estacionamiento de los maestros.

Students may visit their lockers only at specified times.
Los estudiantes pueden ir a sus casilleros sólo en los tiempos designados para ello.

Students may never leave class to visit their lockers.
Los estudiantes nunca pueden salir de clase para ir a su casillero.

Students caught on campus under the influence of or in possession of drugs or any controlled substance will be suspended.
Serán suspendidos los estudiantes sorprendidos en la escuela bajo la influencia o en posesión de alguna droga o sustancia controlada.

Loitering in front of the school at any time is not permitted.
En ningún momento está permitido al estudiante vagar frente a la escuela.

No student is permitted to use profanity, abusive language or racially derogatory remarks toward any person on campus.
A ningún estudiante se le permite decir malas palabras, utilizar lenguage ofensivo o hacer comentarios raciales hacia otras personas en la escuela.

Gang activity of any kind is not permitted and will result in suspension from school.
Ningún tipo de actividad de pandillas está permitida, y en caso de haberla provocará la suspensión del alumno.

Fighting, roughhousing and gambling are never permitted and can result in immediate suspension.
Se prohiben estrictamente las peleas, el forcejeo brusco y los juegos de azar, y pueden derivar en la suspensión inmediata.

Weapons of any kind or a facsimile of a weapon may not be brought to school. Students found in possession of a weapon are subject to suspension and/or expulsion.
Ningún tipo de arma o copia de arma puede ser traída a la escuela. Los estudiantes que sean sorprendidos en posesión de algún arma serán sujetos a suspensión y/o expulsión.

Defiance of the authority of school personnel is not permitted. This includes defiance by behavior, verbal abuse or gestures.
No está permitido desafiar la autoridad del personal escolar. Esto incluye desafio mediante la conducta, abuso verbal o gestos.

Students are required to respect public property as well as the property of others. Students and their parents will be responsible for restoration or replacement of any damaged property.
Se requiere que los estudiantes respeten la propiedad pública, al igual que la de los demás. Los estudiantes y sus padres serán responsables de la restauración o reemplazo de cualquier propiedad dañada.

Explosives of any kind, including matches, cigarette lighters and firecrackers may never be brought to school.
Nunca se puede traer a la escuela ningún tipo de explosivos, incluyendo cerillos, encendedores o fuegos artificiales.

Students in possession of these items can be suspended and/or expelled.
Los estudiantes en posesión de esos artículos pueden ser suspendidos o expulsados.

Pressurized cans such as hair spray or paint are never allowed at school.
Envases de aerosol, como fijador para el cabello o botes de pintura no están permitidos en la escuela.

They can be dangerous and will be confiscated.
Pueden ser peligrosos y serán confiscados.

Discussing Behavior and Consequences With Students
Discutiendo con los estudiantes el comportamiento y sus consecuencias
Tú Form

We will not tolerate _____ (this type of behavior) on this campus.
No toleraremos _____ (este tipo de conducta) en esta escuela.

This offence is so serious your parents will need to come to school so we can all discuss it.
Esta ofensa es tan grave que tus padres tendrán que venir a la escuela para poderlo discutir entre todos.

The _____ (object) you brought to school is now confiscated and locked in the office.
El (La) _____ (objeto) que trajiste a la escuela está confiscado(a) y guardado(a) en la oficina.

Your parents will have to make an appointment to pick it up from the principal (school secretary).
Tus padres tendrán que hacer una cita para recogerlo de la oficina del director (de la directora) (de la secretaria).

This behavior will require severe disciplinary action, either suspension or expulsion.
Esta conducta requerirá una severa acción disciplinaria, ya sea suspensión o expulsión.

You are financially liable for the school property that you damaged (destroyed).
Tú has sido responsabilizado por la propiedad escolar que dañaste (destruiste).

You or your parents will be responsible for reimbursing the school for damage.
Tú o tus padres serán responsables de reembolsar a la escuela los daños provocados.

Since you have chosen to break school rules, you will have to attend Saturday school for one (two) weeks.
Ya que decidiste quebrantar las reglas escolares, tendrás que acudir a la escuela de los sábados por una (dos) semana(s).

I am contacting your parents and sending them a notice of suspension.
Estoy contactando a tus padres y les estoy informando acerca de la suspensión.

Your classroom behavior requires us to put you on recess detention all week.
Tú conducta en el salón de clases nos obliga a quitarte tu recreo por toda la semana.

You have been warned several times about the use of profanity.
Tú has recibido ya varias advertencias por el uso de malas palabras.

Discussing Student Behavior With Parents
Discutiendo la conducta del estudiante con los padres

Your child used profane language again at school today.
Hoy su hijo volvió a utilizar lenguaje inapropiado en la escuela.

His (Her) words were very inappropriate and disturbing to those who heard them.
Las palabras de su hijo(a) fueron muy inapropiadas y molestaron a quienes las oyeron.

He (She) has been reminded numerous times of our school rule about using only appropriate words and actions toward others.
El (Ella) ha recibido numerosos recordatorios de las reglas de la escuela acerca del uso de lenguaje y acciones apropiadas hacia los demás.

_____ was sent to the office today for disturbing other students and not allowing them to do their work.
_____ fue enviado hoy a la oficina por molestar a otros estudiantes y no permitirles hacer su trabajo.

We cannot allow this kind of behavior to continue in our classrooms.
No podemos permitir que este tipo de conducta continúe en nuestros salones de clase.

Appropriate punishment as described in our school discipline plan will be enforced.
Se aplicará un castigo adecuado, conforme a lo descrito en el plan de disciplina escolar.

Your child's teacher and I are very concerned about _____'s classroom behavior.
El maestro (La maestra) de su hijo(a) y yo estamos muy precopados por la conducta de _____ en el salón de clase.

His (Her) lack of self-discipline and unwillingness to work is disruptive to other students.
Su falta de disciplina y sus pocos deseos de trabajar interrumpen a los otros estudiantes.

He (She) consistently uses work time to disrupt the work of others.
El (Ella) consistentemente usa el tiempo de trabajo para interrumpir a los demás.

All students have the right to come to school to learn.
Todos los estudiantes tienen el derecho de venir a la escuela a aprender.

_____ was fighting at the bus stop again today.
Hoy _____ estuvo peleando de nuevo en la parada del autobús.

This is the second and final warning.
Esta es la segunda y última advertencia.

Continued fighting will result in suspension from the bus and possibly from school.
Peleas continuas tendrán como resultado la suspensión del autobús y posiblemente de la escuela.

He (She) needs to change his (her) attitude immediately and begin to regard the rights of others.
El (Ella) necesita cambiar su actitud inmediatamente y empezar a respetar los derechos de los demás.

We are having problems with _____ hitting (kicking, pushing) other students on the playground and in line.
Tenemos problemas con _____ porque golpea, (patea, empuja) a otros estudiantes en el campo de juego y al estar haciendo cola.

It is a school rule that all students are to keep hands, feet and objects to themselves.
El reglamento de la escuela prohibe que los estudiantes usen sus manos, pies o cualquier objeto para acciones inapropiadas.

We have reminded _____ many times about this rule, but to no avail.
Le hemos recordado a _____ en muchas ocasiones acerca de esta regla, pero no obedece.

_____ needs to show respect for the rights and safety of all students at the school.
_____ necesita mostrar respeto por los derechos y seguridad de todos los estudiantes de la escuela.

_____ is again disrupting others in the classroom by bringing toys and other objects from home and using them to gain attention.
_____ está de nuevo molestando a los demás en el salón de clases al traer juguetes y otros objetos de su casa y usarlos para llamar la atención.

Because this is _____'s third serious offence, he (she) will be suspended for one week.
Debido a que ésta es la tercera ofensa seria de _____, él (ella) será suspendido(a) por una semana.

Your child, _____, will be required to spend one hour of after school detention on _____ (date).
Su hijo(a), _____, será obligado(a) a cumplir un castigo de una hora en la escuela después del horario normal de clases el _____ (fecha).

General Terminology - Discipline and Student Behavior
La terminología general - disciplina y comportamiento estudiantil

behavior (good, bad)	**el comportamiento (bueno, malo)**
choices (appropriate, inappropriate)	**las decisiones (adecuadas, no adecuadas)**
citizenship (good, poor)	**la conducta (buena, mala)**
civil authorities	**las autoridades civiles**
code of conduct	**el código de conducta**
conduct, student	**la conducta estudiantil**
conference request	**la petición de conferencia**
consequences (positive, negative)	**las consecuencias (positivas, negativas)**
counsel, to	**aconsejar, orientar**
delinquent	**delincuente**
delinquent, juvenile	**el (la) delincuente juvenil**
discipline	**la disciplina**
discipline, to	**disciplinar**

disturbance	**el alboroto**
drop out of school, to	**abandonar la escuela; dejar la escuela**
dropout rate	**el porcentaje de los que abandonan (dejan) la escuela**
dropout, school	**el (la) estudiante que abandonó (dejó) la escuela**
drug culture	**la cultura de las drogas**
finish one's work, to	**terminar la tarea**
follow directions, to	**seguir las instrucciones; obedecer las instrucciones**
gang(s)	**la(s) pandilla(s)**
gang affiliation	**la asociación con pandillas**
gang member	**el (la) pandillero(a)**
gang prevention program	**el proyecto anti-pandillas**
	el proyecto de prevención de pandillas
habits (good, bad)	**los hábitos (buenos, malos)**
hall pass	**el pase oficial**
infraction, serious	**la infracción seria (grave)**
juvenile hall	**el centro de detención de menores**
lie, a	**la mentira**
lie, to	**mentir**
lie, to catch in a	**coger en una mentira**
negative consequences	**las consecuencias negativas**
non-conformist	**el (la) disidente**
obedience	**la obediencia**
obey, to	**obedecer**
on time, to arrive	**llegar a tiempo**
permission	**el permiso**
police	**la policía**
prohibited behavior	**el comportamiento prohibido**
prohibited on school grounds	**prohibido en terreno de la escuela; prohibido en el recinto escolar**
property of others	**la propiedad ajena**
property, public	**la propiedad pública**
punishment (corporal)	**el castigo (corporal)**
respectful, to be	**respetar; ser respetuoso(a)**
responsible, financially	**económicamente responsable**
rules, school	**las reglas de la escuela**
tagger	**el que ilegalmente pinta en los lugares públicos**

tardy bell	la campana del comienzo de clases
violation (minor, major)	la infracción (poco grave, muy grave)
work habits, poor	los malos hábitos de trabajo

Prohibited Behaviors
Los comportamientos prohibidos

abuse, verbal	el abuso verbal
abusive language	el lenguaje abusivo
act(s), obscene	el (los) acto(s) indecente(s)
annoy other students, to	irritar a otros niños
assault, physical	la agresión física
assault, verbal	la agresión verbal
damage, to	dañar; estropear
dangerous activities	las actividades peligrosas
deface, to	desfigurar, deteriorar
defacement	la desfiguración; el deterioro
defiance of authority	el desafío a la autoridad
defy authority, to	desafiar a la autoridad
destroying school property	destruyendo propiedad escolar; la destrucción de pertenencias de la escuela
destructive activities	las actividades destructivas
disorderly conduct	la conducta desordenada
disobedience	la desobediencia
disobey, to	desobedecer
disrespect, to show	faltar al respeto
disrespectful	irrespetuoso(a)
disrespectful, to be	ser irrespetuoso(a)
disrupt, to	interrumpir; trastornar; entorpecer
disruption	el entorpecimiento; la interrupción; el trastorno
disruption, deliberate classroom	la deliberada interrupción de la clase
disturb, to	perturbar
disturbance, to create	crear un alboroto
drink alcohol, to	beber alcohol; tomar alcohol
drinking alcohol	bebiendo alcohol; tomando alcohol

drug abuse	**el abuso de las drogas**
drugs, to use	**usar drogas**
fight, to	**pelear**
fighting	**peleando; luchando; la pelea; la lucha**
fistfight	**la pelea a puñetazos**
gamble, to	**apostar**
gambling	**apostando; los juegos de apuestas; los juegos del azar**
gang activity	**la actividad de pandillas**
gestures (inappropriate, obscene)	**los gestos (inapropiados, obscenos)**
gestures, to make	**hacer gestos**
graffiti	**el grafitti (los grafittis)**
hit, to	**pegar**
hitting	**golpeando; pegando**
ignore instructions, to	**ignorar las instrucciones**
improper use of equipment	**el uso inadecuado del equipo**
injure, to	**dañar, lesionar**
injury, physical	**el daño físico**
kick, to	**dar a puntapiés, patear**
language, to use obscene	**usar lenguaje obsceno**
leave without permission, to	**salir sin permiso**
lewd behavior	**el comportamiento obsceno**
lie, to	**mentir**
loitering, to be	**holgazaniendo; holgazanear; vagando; vagar estar parado sin motivo**
losing school property	**perdiendo pertencias de la escuela; el perder pertenencias de la escuela**
lying	**mintiendo**
mischief, to get into	**hacer travesuras; meterse en problemas**
misconduct	**la mala conducta**
obscene act(s)	**el (los) acto(s)**
obsceno(s)	
obscenity	**la obscenidad**
pick on, to	**molestar**
possess (something), to	**la posesión de (algo) ; el tener (algo)**
possession, illegal	**la posesión ilegal**
possession of alcohol, tobacco or drugs	**la posesión de alcohol, tabaco o drogas**
prank	**la travesura**

profanity (habitual)	**el decir palabras obscenas (por costumbre)**
quarrel, to	**disputar; reñir**
quarreling	**disputando; riñiendo**
racially derogatory remarks	**los comentarios racistas**
racist slur	**el dicho racista**
roughhousing	**el forcejeo brusco**
smoke, to	**fumar**
smoking	**fumando; el fumar**
spitting	**escupiendo; el escupir**
steal, to	**robar**
stealing	**robando; el robar**
suggestive statements	**los comentarios sugestivos**
swear, to	**jurar; decir malas palabras**
swearing	**diciendo malas palabras**
threaten, to	**amenazar**
throw objects, to	**arrojar objetos; tirar objetos**
throwing rocks	**tirando piedras; el tirar piedras**
under the influence	**bajo la influencia**
use of alcohol, tobacco or drugs	**el uso del alcohol, tabaco, o drogas**
use, to	**usar**
using bad language	**el uso de lenguaje grosero**
vandalism	**el vandalismo**
violation of school policy	**la infracción de las reglas escolares**
vulgar behavior	**el comportamiento vulgar; el comportamiento soez**
vulgarity	**las groserías; la vulgaridad**

Articles and Objects Not Allowed on School Grounds
Los artículos y los objetos no permitidos en la escuela

alcoholic beverages	**las bebidas alcohólicas**
betel	**el betel**
cigarettes	**los cigarrillos**
controlled substance	**una sustancia controlada**
drugs	**las drogas**
explosives	**los explosivos**
firearm(s)	**el arma de fuego; las armas de fuego**
firecrackers	**los cohetes; los petardos**
gang apparel	**la ropa usada por las pandillas**

gun(s)	**el (los) arma(s) de fuego**
intoxicants	**lo que produce embriaguez; lo que intoxica**
knife	**la navaja; el cuchillo**
narcotics	**los narcóticos**
pressurized cans	**las latas de aerosol; las latas de atomizador**
property, stolen	**la propiedad robada**
skateboard	**el patinete; el monopatín; la patineta**
snuff	**el tabaco en polvo**
spray paints	**las pinturas de aerosol; las pinturas de atomizador**
tobacco	**el tabaco**
tobacco, smokeless chew packets	**los paquetes de tabaco para mascar**
	los paquetitos de mascar
weapons	**las armas**
weapons, toy	**las armas de juguete**

Consequences of Inappropriate Behavior
Las consecuencias del comportamiento inappropiado

conference, parent	**la conferencia con los padres**
confiscate, to	**confiscar**
detention (after school, Saturday)	**la detención; el castigo (después de clase, los sábados)**
disciplinary action, severe	**la acción disciplinaria severa**
expulsion	**la expulsión**
file, to place information in a student's	**poner información en el archivo del estudiante**
liable, financially	**responsable económicamente**
notice of bad conduct	**el aviso de mala conducta**
notification of parents	**la notificación a los padres**
punishment	**el castigo**
recess, loss of	**la pérdida del tiempo de recreo**
referred to the office, to be	**ser referido(a) a la oficina**
rehabilitation program	**el programa de rehabilitación**

Saturday school attendance	**la asistencia a la escuela de los sábados**
suspended, to be	**estar suspendido; estar bajo suspensión**
suspension, notice of	**la noticia de suspensión**
warning (verbal, written)	**la advertencia (de palabra, escrita)**

Suspension and Expulsion
La suspensión y la expulsión

Students may be suspended or expelled for any of the following reasons:
Los estudiantes pueden quedar suspendidos o expulsados por cualquiera de las siguientes razones:

physical injury to others	**las lesiones físicas provocadas a otros**
damaging property	**dañando (los daños) a la propiedad**
stealing	**robando; el robo**
weapons on campus	**la posesión de armas en la escuela**
posession of drugs on campus	**la posesión de drogas en la escuela**
selling drugs	**vendiendo (la venta) de drogas**
possession of drug paraphernalia	**la posesión de artículos relacionados con la droga**
possession or use of tobacco	**la posesión o uso de tabaco**
use of profanity	**el uso de palabras obscenas**
disruption of school activities	**la interrumpción de las actividades escolares**
disobedience of school personnel	**el desobedecer al personal escolar**
possessing stolen property	**la posesión de propiedad robada**

School Events, Activities and Organizations

School Events, Activities and Organizations
Los eventos, las actividades y las organizaciones escolares
Usted Form

General Information
Información general

_____ School has many types of activities for students to participate in.
La escuela _____ tiene numerosas actividades en las que los estudiantes pueden participar.

Appropriate behavior is required for participation in any event or activity.
Una conducta apropiada es requisito para participar en cualquier evento o actividad.

Students are required to fulfill any commitments they make when participating in a club or activity.
Los estudiantes deberán cumplir completamente cualquier compromiso que hagan cuando participen en un club o actividad.

Students need (do not need) to maintain passing grades to participate.
Los estudiantes necesitan (no necesitan) mantener calificaciones aceptables para participar.

Athletics
Los deportes

All students participate in a physical education program on a regular basis.
Todos los estudiantes participan regularmente en los programas de educación física.

This program takes place during the regular school day.
Este programa se efectúa durante el horario regular de clases.

Students have a choice of a variety of athletic programs to choose from.
Los estudiantes pueden elegir entre una variedad de programas atléticos.

These programs take place outside the regular school hours.
Estos programas se efectúan fuera del horario regular de la escuela.

A physical examination is required for participation in certain sports.
Para participar en ciertos deportes es obligatorio un examen físico.

An examination form will be provided for your family doctor to complete.
Se proporcionará un formulario de examen físico que deberá ser llenado por su doctor de cabecera.

Some athletic events are held on weekends.
Algunos eventos atléticos se realizan los fines de semana.

Transportation to activities away from the school site is provided on supervised buses.
La transportación a las actividades realizadas fuera de la escuela es provista con autobuses supervisados.

Each student will have to make a commitment to the schedule before participating.
Cada estudiante tendrá que hacer un compromiso en el horario antes de participar.

For some athletic programs, parents must sign a form agreeing to their child's participation.
Para algunos programas atléticos, los padres deberán firmar un formulario en el que autoricen a su hijo(a) a participar.

Insurance is required and can be purchased through the school.
La póliza de seguros es obligatoria y puede ser adquirida a través de la escuela.

Students are responsible for the purchase of any clothing required by a particular sport.
Los estudiantes son responsables de adquirir cualquier ropa requerida para un deporte particular.

Parents are responsible for the return of all athletic equipment loaned to students.
Los padres son responsables de regresar todo el equipo atlético prestado a los estudiantes.

Vocal and Instrumental Music
La música vocal e instrumental

We have a vocal music program for grades _____ (middle school students, high school students).
Tenemos un programa de música vocal para los grados _____ (estudiantes de escuela media, escuela preparatoria).

Our school chorus practices once a week after school.
Las prácticas del coro de nuestra escuela son una vez a la semana después de clases.

They usually give public performances two or three times a year.
Ellos usualmente hacen actuaciones públicas dos o tres veces al año.

Anyone can participate in school chorus.
Cualquiera puede participar en el coro escolar.

Chorus members are selected after trying out.
Los miembros del coro son seleccionados después de una prueba.

Students do not need any special clothing for chorus performances.
Los estudiantes no necesitan ningún tipo especial de ropa para sus actuaciones.

Students usually wear a white shirt (blouse) and dark pants (skirt) for performances.
Los estudiantes usualmente visten una camisa (blusa) blanca y unos pantalones (una falda) obscura durante las actuaciones.

The school sponsors an instrumental program for students beginning in fourth grade.
El patrocinio escolar para el programa instrumental empieza para los alumnos de cuarto grado.

The band instructor will give an information sheet to interested students.
El instructor de la banda le dará una hoja de información a los estudiantes interesados.

Does your child play a musical instrument? Which one?
¿Su hijo(a) toca algún instrumento musical? ¿Cuál?

There will be a cost to rent an instrument.
Habrá un cierto costo por rentar un instrumento.

Rehearsals are held after school once a week.
Los ensayos se realizan una vez a la semana después de la escuela.

The instrumental music program gives performances two or three times a year.
El programa de música instrumental ofrece actuaciones dos o tres veces al año.

Your child will receive a notice regarding tryouts (rehearsals).
Su hijo recibirá información acerca de las pruebas (los ensayos).

Please sign this list if you are interested in having your child(ren) participate in the music program.
Por favor, firme esta lista si usted está interesado en que su(s) hijo(s) participe(n) en el programa de música.

Field Trips
Las excursiones de estudios

Field trips are provided to extend the classroom program.
Las excursiones de estudios tienen el objetivo de complementar el programa del salón de clases.

Parents are notified of field trips in advance and are required to sign a permission slip.
Los padres reciben notificación previa de las excursiones de estudios y deben firmar un formulario de permiso.

No student can participate in a field trip without written permission of a parent.
Ningún estudiante podrá participar en las excursiones de estudios sin el permiso por escrito de sus padres.

If the destination is close to the school, students will walk.
Si la excursión queda cerca de la escuela los estudiantes irán caminando.

For destinations further from the school, bus transportation is provided.
Para destinos más alejados de la escuela se proporciona transporte en autobús.

Our district does not provide transportation for field trips.
Nuestro distrito no proporciona transporte para las excursiones de estudio.

We depend on parent volunteers to drive groups of students to the destination and back.
Dependemos de padres de familia que voluntariamente lleven a los grupos de estudiantes a su destino y los traigan de regreso.

Parents who drive are required to show a driver's license and proof of insurance.
Los padres que transporten estudiantes deberán mostrar su licencia de manejo y prueba de seguro.

They also must complete a Driver's Permission Form 24 hours prior to the activity.
También deberán llenar un formulario de permiso para conductor 24 horas antes de la actividad.

You will be notified on the permission form the hour of departure and return of the bus (cars).
La hoja de permiso le informará de la hora de salida y de regreso de los autobuses (autos).

If money or a sack lunch is required, you will be notified when you receive the permission slip.
Si se requiere dinero o una bolsa de comida, se le notificará cuando reciba la hoja de permiso.

Students are expected to dress appropriately for field trips.
Para las excursiones de estudios los estudiante deberán vestir apropiadamente.

If your child is signed up for a field trip and is unable to attend school on the day of the trip, please call the school office in advance.
Si su hijo ha confirmado su participación a la excursión de estudios y no puede acudir a la escuela ese día, por favor llame por adelanto a la oficina de la escuela.

School-Family Picnic
El día de campo escolar-familiar

Each fall, the school staff sponsors a picnic for students and their families.
Cada otoño, el personal de la escuela patrocina un día de campo para los estudiantes y sus familias.

Each family will receive a notice giving the date and time of the picnic.
Cada familia recibirá un aviso informándoles de la fecha y hora del día de campo.

You may purchase a ticket good for one hot dog dinner, including drinks and dessert.
Usted puede comprar un boleto de cena que incluye un hot dog (perrito caliente), bebidas y postre.

Each participant must have a ticket to receive a dinner.
Todos los participantes deberán tener un boleto para recibir una cena.

Tickets can be purchased in advance at the school office.
Los boletos pueden comprarse por adelanto en la oficina de la escuela.

The cost of each ticket is $ _____.
El costo de cada boleto es de $ _____.

This is a wonderful opportunity to meet the school staff and get to know your neighbors.
Esta es una magnífica oportunidad para reunirse con el personal de la escuela y conocer a sus vecinos.

The picnic will be held in the lunch area of the school.
El día de campo se llevará a cabo en el área de comida de la escuela.

Back to School Night
La noche de "regreso a la escuela"

Early in the school year parents are invited to spend an evening at school visiting their child(ren)'s classroom.
A principios del año escolar, los padres son invitados a pasar una tarde en la escuela, visitando el salón de clase de su(s) hijo(s).

At this time teachers will explain their educational program and discuss discipline and homework expectations.
Ahora los maestros explicarán su programa educativo y discutirán lo que esperan tanto en disciplina como las tareas escolares.

Since this is the time for adults to discuss the school program, we ask that children remain at home.
Dado que éste es el tiempo en el que los adultos discutirán el programa escolar, les pedimos que los niños permanezcan en casa.

You will receive a notice giving the date and time of Back to School Night.
Usted recibirá un aviso informándole de la fecha y hora de "la noche del regreso a la escuela."

Since so many important topics are discussed, please make every effort to attend.
Debido a que se discutirán tantos temas importantes, por favor haga todo lo posible por asistir.

High school students are encouraged to attend and to walk with their parents through a shortened version of their daily schedule.
A los estudiantes de preparatoria se les anima a venir con sus padres para conocer juntos un breve panorama de sus actividades diarias.

School Pictures
Los fotos escolares

School Pictures will be taken on _____ (date).
Las fotografías escolares serán tomadas el _____ (fecha).

These pictures are both individual pictures and class composite pictures.
Se toman fotos individuales además de fotos del grupo de clase.

You will receive a packet explaining the various choices (sizes, numbers and prices).
Usted recibirá un paquete en el que se explican las diferentes opciones (tamaño, cantidades y precios).

All picture orders must be paid in advance.
Todas las fotografías deberán ser pagadas por adelantado.

One make-up day will be provided for those absent the day pictures are taken.
Se ofrecerá un día alternativo para las personas que estén ausentes el día en que se tomen las fotos.

It takes approximately _____ weeks for the pictures to be delivered.
Se toma aproximadamente _____ semanas para que las fotos sean entregadas.

School Carnival
El carnaval escolar

Our annual school carnival will take place on _____ (date).
Nuestro carnaval escolar anual se llevará a cabo el _____ (fecha).

The carnival is held annually as a fund-raiser for the school.
El carnaval se celebra anualmente con el propósito de recaudar fondos para la escuela.

There will be many activities for both children and adults.
Habrá muchas actividades para niños y adultos.

There will also be several food booths serving a variety of foods.
Habrá también varios puestos de comida sirviendo una variedad de platillos.

We would appreciate any donations of used but usable items for the sale booth.
Apreciamos cualquier donación de artículos usados, pero en buen estado, para el puesto de venta.

The children usually enjoy the games and prizes the most.
Lo que los niños suelen disfrutar más son los juegos y los premios.

Halloween Activities
Las actividades de"Halloween"

On the morning of _____ students in kindergarten through second grade will participate in a costume parade.
En la mañana del _____ los estudiantes del kínder hasta el segundo grado participarán en un desfile de disfraces.

All other students may choose to participate in a costume contest that will take place after school.
Los demás estudiantes podrán elegir participar en un concurso de disfraces que se llevará a cabo después de la escuela.

We strongly discourage gory or violent type costumes.
Nos oponemos firmemente al uso de disfraces de tipo sangriento o violento.

Students may not bring simulated weapons of any kind to school.
Los estudiantes no podrán traer armas simuladas de ningún tipo a la escuela.

Think of creativity, comfort and safety when selecting your child's costume.
Piense en la creatividad, comodidad y seguridad al momento de seleccionar el disfraz de su hijo(a).

Winter Holiday Programs
Los programas festivos del invierno

Students will participate in several holiday programs during December.
Los estudiantes participarán en varios programas festivos durante el mes de diciembre.

Each class is preparing a brief program of music and other entertainment.
Cada clase está preparando un breve programa musical y otros tipos de entretenimiento.

Parents, friends and relatives are invited to all performances and will receive a schedule of the programs.
Los padres, amigos y familiares están invitados a todas las actuaciones y recibirán un calendario de los eventos.

_____

The grade _____ program will take place on _____ (day and date) at _____ (time) in _____ (location).
El programa del grado _____ se llevará a cabo el _____(día y fecha), a las _____(hora), en _____(lugar).

Open House
Visita anual a los salones de clase

The school's annual open house will be held on _____ at____ p.m.
La visita anual de los padres a la escuela se llevará a cabo el _____ a las ____ p.m.

Parents and students are urged to attend.
Se exhorta la asistencia de los padres y los estudiantes.

This is the time the students proudly display their year's work for parents to see.
Este es el tiempo cuando los estudiantes pueden orgullosamente demostrar a sus padres los trabajos desarrollados a lo largo del año.

There will be a table of "lost and found" items in front of the office for you to check through.
Habrá una mesa con artículos"perdidos" frente a la oficina para su conveniencia.

You may be able to locate some of your child(ren)'s lost items at that time.
Usted posiblemente podrá encontrar en esa mesa algunos de los artículos perdidos por su(s) hijo(s).

Teacher Appreciation Week
La semana de reconocimiento al maestro

Teacher Appreciation Week takes place the week of _____.
La semana de reconocimiento al maestro se llevará a cabo la semana del _____.

Sending a small note of appreciation to the teacher at this time is very much appreciated.
Se apreciará muchísimo el envío de una pequeña nota de reconocimiento al maestro (a la maestra.)

A luncheon honoring the teachers is planned for _____.
Un almuerzo en honor de los maestros se ha planificado para el _____.

If you would like to prepare a dish for the luncheon, please notify the school secretary.
Si desea preparar un platillo para el almuerzo de honor, por favor notifique a la secretaria de la escuela.

You will be notified of any special activities you may want to be involved in.
Usted será informado de cualquier actividad especial en la que quisiera estar involucrado.

Terminology for School Events, Activities and Organizations
La terminología de eventos, actividades y organizaciones escolares

academic decathlon team	**el equipo del decatlón académico**
activities, extracurricular	**las actividades extraescolares**
activities, off campus	**las actividades fuera del recinto escolar**
assembly (assemblies)	**la asamblea (las asambleas)**
Associated Student Body	**la asociación estudiantil**
Associated Student Body members	**los miembros de la asociación estudiantil**
auction	**la subasta**
Back to School Night	**la noche del regreso a la escuela**
band (beginning, intermediate)	**la orquesta (principiantes, nivel intermedio)**

band camp	**el campamento de orquesta**
band, regimental	**la orquesta de uniforme**
banquet	**el banquete**
book fair	**la feria de libros**
booster club	**el club de aficionados**
career day	**el día de las carreras; el día vocacional**
carnival	**el carnaval**
cheerleading	**el dirigir a los aficionados**
choir	**el coro; la coral**
chorus	**el coro**
club(s)	**el club (los clubes)**
competition(s)	**la competición (las competiciones; las competencias)**
competition, class	**la competición entre clases**
concert	**el concierto**
contest(s)	**el concurso (los concursos)**
costume contest	**el concurso de disfraces**
dance	**el baile**
debating	**el debate**
drama	**el drama**
dress up day	**el día de vestir de manera peculiar**
drill team	**el equipo de desfile; el equipo de hacer la instrucción**
election	**la elección**
elections, student body	**las elecciones para la asociación estudiantil**
festival	**el festival**
field trip	**la excursión educativa**
forensics	**los debates**
fund-raiser	**la actividad para recaudar fondos**
Future Farmers of America	**Los Futuros Agricultores de América**
game(s)	**el juego (los juegos)**
Halloween parade	**el desfile de Halloween**
holiday program	**el programa festivo**
homecoming day (week)	**el día (la semana) de "Homecoming"**
intermurals	**los entremurales; los juegos entre instituciones**
international club	**el club internacional**

Invention Convention	**la convención de inventores**
jog-a-thon	**el maratón del trote corto**
leadership conference	**la conferencia sobre liderazgo**
leadership training	**el entrenamiento para liderazgo**
lessons, music	**las lecciones de música**
library day	**el día para ir a la biblioteca**
magazine drive	**la venta de revistas**
music, instrumental	**la música instrumental**
music, vocal	**la música vocal**
newspaper, school	**el periódico de la escuela**
Open House	**la visita anual a los salones de clase**
peer counseling	**el programa de consejeros de compañeros**
pep rally	**la asamblea para infundir aliento**
performance	**la función**
picnic	**la excursión campestre; el día de campo**
pictures, class	**las fotos de la clase**
pictures, school	**las fotos de los estudiantes tomadas en la escuela**
play	**la obra de teatro**
program	**el programa**
prom	**el baile de graduación**
raffle	**la rifa**
safety patrol	**la patrulla estudiantil de seguridad**
sale, bake	**la venta de productos del horno**
sale, candy	**la venta de dulces**
science fair	**la feria de la ciencia**
service club	**el club de servicio**
service project	**el proyecto del club de servicio**
show (stage)	**el espectáculo**
show and tell	**mostrar y decir**
Special Olympics	**Las Olimpiadas Especiales**
spelling bee	**el concurso de ortografía; el certamen de deletreo**
sports	**los deportes**
student council	**el consejo estudiantil; la junta de estudiantes**
student store	**la tienda de los estudiantes**
teacher appreciation week	**la semana de reconocimiento al maestro**

tutoring, peer	**las clases particulares impartidas por compañeros**
walk-a-thon	**el maratón de la caminata**
yearbook	**el anuario**

Parent Organizations
Las organizaciones para los padres de familia

Bilingual Education Advisory Committee	**El Comité Asesor de la Educación Bilingüe**
Parent Teacher Association	**La Asociación de Padres y Maestros**
Parent Teacher Organization	**La Organización de Padres y Maestros**
School Site Council	**El Consejo de la Escuela**
Special Education Advisory Committee	**El Comité Asesor de la Educación Especial**

Notes

Ending the School Year

Ending the School Year
Terminando el año escolar
Tú and Usted Forms

Student Obligations
Las obligaciones de los estudiantes

_____ has to turn in the overdue library books before the last day of school.
_____ tiene que devolver los libros vencidos a la biblioteca antes del último día de la escuela.

_____ has a number of textbooks that have not been returned to the school.
_____ tiene un número de libros de texto que no han sido devueltos a la escuela.

These books must be returned before leaving for the summer.
Estos libros deberán ser devueltos antes de las vacaciones de verano.

Your child, _____, still has athletic equipment checked out.
Su hijo(a), _____, todavía tiene equipo del programa atlético en su poder.

These items must be returned or paid for by the student.
Estos artículos deben ser devueltos o pagados por el estudiante.

Your child, _____, still owes fines for damaged books (destroyed school property).
Su hijo(a), _____, todavía debe algunas multas por haber dañado libros (destruido la propiedad escolar).

He (She) will not receive a final report card or be able to have records forwarded until these fines are paid.
El (Ella) no recibirá su tarjeta final de calificaciones y sus archivos no serán remitidos hasta que estas multas sean pagadas.

Planning for the Coming School Year
Planeando para el siguiente año escolar

Please complete this form to let us know if your child(ren) will be returning next year.
Por favor llene este formulario para informarnos si su(s) hijo(s) regresarán el año entrante.

If they are not returning, please give us the name and address of the new school.
Si no van a regresar, por favor díganos el nombre y la dirección de la nueva escuela.

Please give the new school our address and ask that they request your child(ren)'s records.
Por favor entregue nuestra dirección a la nueva escuela y pida que ellos soliciten los archivos de su(s) hijo(s).

We will keep the records here until we hear from the new school.
Nosotros mantendremos los archivos aquí hasta que la nueva escuela se comunique con nosotros.

We will miss seeing you next year. Good luck at the new school.
Te extrañaremos el año entrante. Buena suerte en la nueva escuela.

Retention
El año reprobado

_____'s teacher would like to have a conference with you regarding spending another year in _____ grade.
El maestro de _____ quiere entrevistarse con usted en relación a que su hijo(a) deberá repetir el _____ grado.

All of the teachers involved in working with _____ feel it would be of great benefit.
Todos los maestros involucrados en el trabajo con _____ creen que esto le sería muy benéfico.

You may take some time to consider all aspects of the recommendation.
Usted puede tomarse un tiempo para considerar todos los aspectos de esta recomendación.

If you are not satisfied with the recommendation, you may decide not to accept it.
Si no está satisfecho con la recomendación, usted puede decidir no aceptarla.

Please sign this form to schedule a meeting with the teacher.
Por favor firme este formulario para programar una reunión con el maestro.

Times and dates are listed on the form.
Las horas y fechas se encuentran enumeradas en el formulario.

If this appointment is not convenient, please let me know so we can reschedule.
Si esta cita no es conveniente, por favor notifíqueme para poder reprogramarla.

This is the form you will be asked to sign, indicating that you approve or do not approve of retention for your child.
Este es el formulario que se le pedirá que firme, indicando que usted aprueba o desaprueba que su hijo(a) repita el año.

_____ will be assigned to a different (the same) teacher next year, unless you request otherwise.
_____ será asignado(a) a un(a) maestro(a) diferente, (al mismo maestro, a la misma maestra) el próximo año, a menos que usted pida lo contrario.

Summer School
La escuela de verano

_____ School will be holding summer school this year.
La escuela _____ tendrá escuela de verano este año.

The summer school session will begin on _____ (date) and last four weeks.
La sesión de la escuela de verano comenzará el _____ (fecha) y tendrá una duración de cuatro semanas.

Summer school will not be in session on July 4th.
No habrá clases de la escuela de verano el 4 de julio.

A special arts program will be offered this summer for any interested students.
Se ofrecerá un programa especial de artes este verano para cualquier estudiante interesado.

Computer instruction, science projects and a foreign language will be offered this summer.
Instrucción en computadoras, proyectos de ciencia e idiomas extranjeros se ofrecerán este verano.

Summer school will be offered only for students needing academic assistance.
La escuela de verano estará disponible sólo para estudiantes que necesiten ayuda académica.

All Special Education students may participate in summer school.
Todos los estudiantes de educación especial pueden participar en la escuela de verano.

Buses will be available for Special Education students.
Habrá autobuses disponibles para los estudiantes de educación especial.

There is no charge for summer school.
No se cobra por la escuela de verano.

Students may purchase lunch at school.
Los estudiantes pueden comprar el almuerzo en la escuela.

Free and reduced-price lunches are available for qualifying students.
Hay almuerzos gratuitos y a precio reducido para los estudiantes que califiquen.

Summer school is dismissed at 12:30.
La escuela de verano concluye a las 12:30 p.m.

No lunches will be served because of the early dismissal time.
No se servirá el almuerzo debido a que las clases terminan temprano.

Last Day of School Activities
Las actividades escolares en el último día de clases

The last day of school, _____ (date), will be a minimum day.
El último día de clases, _____(fecha), los estudiantes saldrán más temprano.

Lunch will (will not) be served on that day.
Se (No se) servirá el almuerzo ese día.

Students are asked to bring or purchase a sack lunch so they can picnic outside with their class.
Se les pedirá a los estudiantes que traigan o compren una bolsa de almuerzo para que puedan hacer un día de campo con sus compañeros.

Students on free lunch will be provided a sack lunch from the cafeteria.
A los estudiantes que reciben el almuerzo gratis se les entregará una bolsa de almuerzo de la cafetería.

Students on reduced-price lunch will be charged $_____ for a sack lunch.
**A los estudiantes que reciben el almuerzo a precio reducido se les cobrará $ _____
por la bolsa de almuerzo.**

All students will participate in an awards ceremony for academic achievement and citizenship at _____ (time).
Todos los estudiantes participarán en la ceremonia de entrega de premios para civismo y logros académicos a las _____(hora).

Parents and relatives are invited to attend the awards ceremony.
Los padres y familiares están invitados a asistir a la ceremonia de premiación.

Students will be dismissed at _____ (time).
Los estudiantes se retirarán a las _____(hora).

Saying Good-bye for the Summer
La despedida para el verano

I hope you have a very nice summer vacation.
Espero que tengas unas muy agradables vacaciones de verano.

Will you be coming back to _____ School?
¿Vas a regresar a la escuela _____?

I look forward to seeing you back here for the next school year.
Espero verte aquí de vuelta para el próximo año escolar.

Notes

Terminology Lists

General Educational Terminology
La terminología en general de educación

administration, school	**la administración escolar**
county department of education	**el departamento de educación del condado**
course of study	**el curso de estudios**
curriculum	**el plan de estudios**
district master plan	**el plan general del distrito**
education	**la educación; la instrucción**
education code	**el código de la educación**
education, higher	**la enseñanza superior**
education, public	**la educación pública**
educational program	**el programa educativo**
educational system	**el sistema educativo**
educator	**el (la) educador(a)**
enrollment, student	**la matriculación; la matrícula**
illiteracy	**el analfabetismo**
instruction	**la instrucción; la enseñanza**
school	**la escuela**
school calendar	**el calendario escolar**
school district	**el distrito escolar**
schooling	**la instrucción; la educación; la enseñanza**
state department of education	**el departamento estatal de educación**

Schools
Las escuelas

alternative school	**la escuela alternativa**
college	**la universidad**
college, community	**el colegio universitario**
court school	**la escuela del tribunal de menores; la escuela en la cárcel**
elementary school	**la escuela primaria (elemental)**
high school	**la escuela secundaria; la preparatoria**

junior high school	**la escuela secundaria; la escuela intermedia**
kindergarten	**el kínder; el jardín de la infancia; la escuela de párvulos**
magnet school	**la escuela de especialidades**
middle school	**la escuela secundaria; la escuela intermedia**
parochial school	**la escuela parroquial**
preschool	**el pre-kínder; la guardería infantil**
private school	**el colegio particular; la escuela particular**
public school	**el colegio* público; la escuela pública**
school for science and math	**la escuela de ciencias y matemáticas**
school for technology	**la escuela de tecnología**
school for the performing arts	**la escuela de artes interpretativas**
school for the visual arts	**la escuela de artes visuales**
school of attendance	**la escuela de asistencia actual**
school of residence	**la escuela que corresponde al domicilio**
summer school	**la escuela de verano**
university	**la universidad**
vocational (trade) school	**la escuela vocacional; la escuela de artes y oficios; la escuela de capacitación profesional**

* *The Spanish word "colegio" is used in some areas for any school, kindergarten through high school.*

School District Personnel
El personal del distrito escolar

administrator, district	**el (la) administrador(a) del distrito**
administrator, school	**el (la) administrador(a) escolar**
advisor	**el (la) consejero(a)**
advisory committee	**el comité asesor**

advisory group	**el grupo asesor**
aide (teacher's)	**el (la) ayudante del maestro;**
	el (la) asistente del maestro
board of education	**la junta escolar; la mesa directiva**
cafeteria worker	**el (la) trabajador(a) de la cafetería (de la cocina)**
clerk	**el (la) empleado(a) de oficina;**
	el (la) oficinista
coach, athletic	**el (la) entrenador(a) de deportes**
coach, drama	**el (la) entrenador(a) de drama**
computer technician	**el (la) técnico(a) de computadoras**
coordinator	**el (la) coordinador(a)**
counselor	**el (la) consejero(a)**
crossing guard	**el (la) guía en los cruces;**
	el (la) guarda en los cruces
custodian	**el (la) portero(a);**
	el (la) técnico(a) de mantenimiento
dean	**el (la) decano(a)**
evaluation team	**el equipo de evaluación**
faculty	**el profesorado**
gardener	**el (la) jardinero(a)**
guidance specialist	**el (la) asesor(a);**
	el (la) especialista de orientación
instructor	**el (la) instructor(a)**
interpreter	**el (la) intérprete**
janitor	**el (la) portero(a);**
	el (la) técnico(a) de mantenimiento
language specialist	**el (la) especialista de lenguaje**
learning assistance specialist	**el (la) especialista de asistencia en enseñanza**
librarian	**el (la) bibliotecario(a)**
maintenance worker	**el (la) técnico de mantenimiento**
music teacher	**el (la) maestro(a) de música**
nurse	**el (la) enfermero(a)**
office manager	**el (la) gerente de la oficina;**
	el (la) director(a) de la oficina
office worker	**el (la) oficinista**
personnel, district	**el personal del distrito**
personnel, school	**el personal de la escuela**
playground supervisor	**el (la) supervisor(a) del patio de recreo**

principal	el (la) director(a)
psychologist	el (la) psicólogo(a); el (la) sicólogo(a)
reading specialist	el (la) especialista de lectura
resource specialist	el (la) especialista de recursos
school board	la mesa directiva; la junta escolar
school board member	el (la) miembro de la mesa directiva (junta escolar)
school officials	los oficiales escolares; los funcionarios escolares
secretary	el secretario; la secretaria
specialist	el (la) especialista
speech therapist	el (la) terapeuta del habla (del lenguaje); el (la) terapista
staff	el personal
substitute teacher	el (la) maestro(a) sustituto(a); el (la) maestro(a) suplente
superintendent	el (la) superintendente
supervisor	el (la) supervisor(a)
teacher	el (la) maestro(a)
teacher of a "pull out" class	el (la) maestro(a) auxiliar
translator	el (la) traductor(a)
tutor	el (la) maestro(a) particular
vice principal	el (la) vice director(a)
volunteer	el (la) voluntario(a)
volunteer coordinator	el (la) coordinador(a) de voluntarios

Student Names
Los nombres para los alumnos

boy(s)	niño(s); chico(s); muchacho(s)
eighth grader	alumno(a) del octavo año (grado)
elementary school student	alumno(a) de primaria
fifth grader	alumno(a) del quinto año (grado)
first grader	alumno(a) del primer año (grado)
fourth grader	alumno(a) del cuarto año (grado)
freshman	estudiante de primer año de secundaria

graduate	**el (la) graduado(a)**
girl(s)	**niña(s); chica(s); muchacha(s)**
junior	**estudiante de tercer año de secundaria**
kindergartner	**niño(a) de kínder; niño(a) de párvulo**
preschooler	**niño(a) de edad preescolar; niño(a) de párvulo**
school-age child	**niño(a) de edad escolar**
second grader	**alumno(a) del segundo año (grado)**
secondary school student	**alumno(a) de secundaria**
senior	**estudiante de cuarto año de secundaria**
seventh grader	**alumno(a) del séptimo año (grado)**
sixth grader	**alumno(a) del sexto año (grado)**
sophomore	**estudiante de segundo año de secundaria**
student	**estudiante; alumno(a)**
student body	**el estudiantado**
third grader	**alumno(a) del tercer año (grado)**

Characteristics and Behaviors of Students
Las características y comportamientos de los alumnos

abnormal	**anormal**
adept	**experto(a); perito(a)**
aggressive	**agresivo(a); ofensivo(a)**
alert	**listo(a); alerto(a); vivo(a); despierto(a)**
antisocial	**antisocial**
anxious	**ansioso(a); inquieto(a)**
attentive	**atento(a)**
babyish	**aniñado(a); infantil**
bashful	**tímido(a); vergonzoso(a)**
bright	**listo(a); inteligente**
calm	**tranquilo(a); quieto(a)**
careless	**descuidado(a)**
cheerful	**alegre**
childish	**aniñado(a)**
creative	**creativo(s)**

dependent	**dependiente**
disorderly	**desordenado(a); desareglado(a)**
distracted, easily	**fácilmente distraído(a)**
fidgety	**inquieto(a); nervioso(a)**
follower	**seguidor(a); imitador(a)**
forgetful	**olvidadizo(a); descuidado(a)**
gifted	**talentoso(a); muy inteligente; dotado(a)**
high strung	**tenso(a); impresionable**
hypersensitive	**hipersensible; muy sensible**
illiterate	**analfabeto(a)** *[applies only to adults]*
impolite	**descortes**
inattentive	**desatento(a)**
insecure	**inseguro(a)**
intelligent	**inteligente**
intent	**intento**
interested	**interesado(a)**
introverted	**introvertido(a)**
irresponsible	**irresponsable**
literate	**instruido(a); que sabe leer y escribir**
lively	**animado(a); vivo(a)**
mischievous	**malicioso(a); travieso(a)**
moody	**malhumorado(a)**
naughty	**desobediente; pícaro(a)**
noisy	**ruidoso(a)**
non-conformist	**disidente; inconforme; inconformista**
normal	**normal**
obedient	**obediente**
obstinate	**obstinado(a); terco(a); rebelde**
orderly	**ordenado(a)**
overbearing	**altanero(a); imperioso(a); autoritario(a)**
proficient	**hábil; diestro(a); competente**;
quiet	**quieto(a); callado(a); silencioso(a)**
reluctant	**renuente; maldispuesto(a)**
reserved	**introvertido(a)**
respectful	**respetuoso(a)**
responsible	**responsable**
restless	**intranquilo(a)**
retarded (mentally)	**retrasado(a) mental**

rude	**grosero(a); brusco(a); rudo(a)**
self-conscious	**cohibido(a); tímido(a); apocado(a)**
sensitive	**sensible**
shy	**tímido(a)**
sickly	**enfermizo(a)**
slow to move	**lento(a) para moverse**
slow to understand	**lerdo(a)**
small (stature)	**bajo(a)**
smart	**listo(a); inteligente**
solitary	**solitario(a)**
studious	**estudioso(a)**
successful	**exitoso(a); que tiene éxito**
suicidal	**suicida**
talented	**talentoso(a)**
talkative	**hablador(a); locuaz**
temperamental	**temperamental**
underprivileged	**desvalido(a); desamparado(a); desafortunado(a)**
unruly	**ingobernable; indómito(a)**
violent	**violento(a)**

School Facilities
Las instalaciones escolares

auditorium	**el auditorio**
bathroom	**el cuarto de baño; el servicio; el baño**
bus stop	**la parada de bus; la parada de autobús**
cafeteria	**la cafetería**
campus	**el campus**
classroom	**el salón; la clase; el aula de clase; el cuarto**
computer lab	**el laboratorio de computadoras**
corridor	**el corredor; el pasillo**
district office	**la oficina del distrito escolar**
grounds, school	**el recinto escolar**
gymnasium	**el gimnasio**
hallway	**el corredor; el pasillo**
laboratory	**el laboratorio**

library	**la biblioteca**
media center	**el centro de medios de instrucción**
nurse's office	**la oficina de la enfermera**
office	**la oficina**
parking lot, faculty	**el estacionamiento de los maestros; el aparcamiento de los maestros**
playground	**el patio de recreo**
principal's office	**la oficina del director (de la directora)**
restroom	**el cuarto de baño; el servicio; el baño**
school	**la escuela**
sports field	**el campo de deportes**
vice principal's office	**la oficina del (de la) vice director(a)**

School Subjects
Las asignaturas

algebra	**el álgebra**
arithmetic	**la aritmética**
art	**el arte**
biology	**la biología**
botany	**la botánica**
computer science	**las ciencias de las computación**
	los estudios de computadoras
current events	**los temas de actualidad**
English as a Second Language (ESL)	**el inglés como segundo idioma**
family life instruction	**la instrucción sobre la vida familiar**
foreign language	**la lengua extranjera**
Chinese	**el chino**
French	**el francés**
German	**el alemán**
Italian	**el italiano**
Japanese	**el japonés**

Latin	**el latín**
Russian	**el ruso**
Spanish	**el español**
geography	**la geografía**
geometry	**la geometría**
health	**la salud, la sanidad**
history	**la historia**
American	**la historia americana; la historia de América**
Mexican-American	**la historia de los Mexico-americanos**
world	**la historia del mundo**
language arts	**las letras**
creative writing	**la redacción creativa; la clase de composición**
English	**el inglés**
handwriting	**la escritura a mano; la caligrafía**
handwriting, cursive	**la letra manuscrita; la caligrafía**
oral language	**el lenguaje oral**
phonics	**la fonética**
reading	**la lectura**
speech	**la oratoria**
spelling	**la ortografía**
written language	**el lenguaje escrito**
mathematics	**las matemáticas**
music	**la música**
physical education	**la educación física**
science (natural)	**la ciencia (natural); las ciencias (naturales)**
sex education	**la educación sexual**
social science	**la ciencia social**
subject matter	**la(s) asignatura(s)**
technology	**la tecnología**

Office Terminology
La terminología de la oficina

agency	**la agencia**
appointment	**la cita**
approval (written)	**la aprobación (por escrito)**

assignment (class, track)	**el horario (de clase, del año continuo)**
	la asignación (de clase, del año continuo)
attendance, dates of	**las fechas de asistencia**
babysitter	**la niñera;**
	la persona que cuida a los niños
care, temporary	**el cuidado temporal**
certificate	**el certificado**
childcare	**el cuidado de los niños;**
	el cuidar a los niños
citizenship (behavior)	**el comportamiento**
classroom	**el salón; la clase; el aula; el cuarto**
computer system	**el sistema de computadoras**
conference	**la conferencia; la consulta**
confidential	**confidencial**
corporal punishment	**el castigo físico; el castigo corporal**
date	**la fecha**
disaster (natural)	**el desastre (natural)**
disaster preparedness	**la preparación para el desastre**
dismissal	**la salida; la despedida**
dismissal procedures	**las procedimientos de salida**
dismissal time	**la hora de salida**
document	**el documento**
education code	**el código de la educación**
eligibility	**la elegibilidad**
eligible, to be	**ser elegible; tener elegibilidad**
emergency	**la emergencia**
English classes for adults	**las clases de inglés para adultos**
English-speaking	**el (la) angloparlante**
ethnic balance	**el balance étnico**
evaluation	**la evaluación**
federal funds	**los fondos federales**
federal regulations	**los reglamentos federales**
file (cum record)	**el registro; el expediente**
financial aid	**la ayuda económica**
form	**el formulario; el impreso**
fund-raiser	**la actividad para recaudar fondos**
girl	**la niña; la chica; la muchacha**
grade	**el grado; el año de estudios**
institution	**la institución**
interdistrict attendance permit	**el permiso de asistencia entre distritos**

interdistrict transfer	**el traslado entre distritos**
interpreter	**el (la) intérprete**
intradistrict attendance permit	**el permiso de asistencia dentro del distrito**
intradistrict transfer	**el traslado dentro del distrito**
law (state, federal)	**la ley (del estado, federal)**
legal guardian	**el guardián legal**
lost and found	**los artículos perdidos y encontrados**
lunch (free, reduced-price)	**la comida (gratis, a precio reducido)**
meeting	**la junta; la reunión**
migrant worker	**el trabajador migratorio**
minimum day schedule	**el horario de día reducido**
office, school	**la oficina escolar**
officially	**oficialmente**
orientation day	**el día de orientación**
parent(s)	**el (los) padre(s)**
permission, written	**el permiso por escrito**
	la autorización escrita
permit	**el permiso; la autorización**
placement, academic	**la colocación (la plaza) académica**
policy	**la política; las reglas**
problem	**el problema**
procedure	**la tramitación**
question(s)	**la (las) pregunta(s)**
report	**el informe**
report, psychological	**el informe psicológico**
report (written)	**el reporte (escrito)**
request	**la solicitud**
requirement(s)	**el requisito; los requisitos**
restriction	**la limitación**
retention	**la retención**
rights	**los derechos**
rights, notification of	**la notificación de derechos**
rights, parental	**los derechos de los padres**
room	**la clase; el cuarto; el salón; el aula de clase**
room number	**el número del cuarto; salón**
rules	**las reglas**
schedule	**el horario**
schedule change	**el cambio del horario**
school actually attending	**la escuela de asistencia actual**

school of residence	**la escuela de residencia; la escuela que corresponde al domicilio**
school property	**la propiedad de la escuela**
sex	**el sexo**
space	**el espacio**
Spanish-speaking	**el (la) hispanoparlante**
Special Education	**la educación especial**
state	**el estado**
teacher, homeroom	**el (la) maestro(a) del salón principal (de la planta)**
title (position)	**el título; la posición**
track	**el horario del año completo**
transfer	**el traslado; el cambio**
truant	**ausente sin permiso; novillero**
tuition, school	**la matrícula académica**
verification	**la verificación**

Verbs Commonly Used in the School Office
Los verbos de uso útil en la oficina de la escuela

answer	contestar
buy	comprar
call	llamar
check	revisar
check over	repasar
communicate	comunicar
complete	completar
cooperate	cooperar
deliver	entregar
enroll	inscribir; matricular
explain	explicar
fill	llenar; completar; rellenar
give	dar
inspect	inspeccionar
notify	notificar; avisar
obtain	obtener
provide	proveer

qualify	**calificar; cumplir con los requisitos; habilitar**
receive	**recibir**
register	**inscribir(se); registrar(se); matricular(se)**
report	**informar; notificar, reportar**
return	**devolver; regresar**
review	**revisar; repasar**
serve	**servir**
sign	**firmar**
sign a child out	**firmar para poder recoger a un niño**
specify	**especificar**
transfer	**transferir**
translate	**traducir**
use	**usar**
verify	**verificar**

The Family and Extended Family Members
Los padres y demás familiares

adopted child	**un(a) niño(a) adoptado(a)**
adoptive parents	**los padres adoptivos**
aunt	**la tía**
baby	**el (la) bebé**
brother	**el hermano**
child (anyone's)	**el niño; la niña**
child (of a particular person)	**el hijo; la hija**
cousin	**el primo; la prima**
daughter	**la hija**
daughter-in-law	**la nuera**
father (used by adults - formal)	**el padre**
father (used by children and adults)	**el papá**
father-in-law	**el suegro**
foster child	**el niño adoptado temporalmente; el niño en tutela temporal**
foster parents	**los tutores temporales**
friend(s)	**el (los) amigo(s); la(s) amiga(s)**
godfather	**el padrino**

godmother	**la madrina**
granddaughter	**la nieta**
grandfather	**el abuelo**
grandmother	**la abuela**
grandson	**el nieto**
husband	**el esposo; el marido**
mother (used by adults - formal)	**la madre**
mother (used by children and adults)	**la mamá**
mother-in-law	**la suegra**
neighbor(s)	**el vecino; los vecinos**
nephew	**el sobrino**
niece	**la sobrina**
parents	**los padres**
relative(s)	**el (la) pariente; los parientes; el (los) familiar(es)**
sister	**la hermana**
son	**el hijo**
son-in-law	**el yerno**
stepdaughter	**la hijastra**
stepson	**el hijastro**
uncle	**el tío**
ward	**el (la) niño(a) bajo la tutela de un tribunal**
wife	**la señora; la esposa; la mujer**

Directions and Locations
Las direcciones y locaciones

above	**arriba (de)**
ahead	**adelante**
around	**alrededor de**
beside	**al lado (de)**
back (in back of)	**detrás de**
behind	**detrás, atrás**
beneath	**debajo**
between	**entre**
downstairs	**abajo**
	en el piso abajo
east	**este**
far from	**lejos de**

floor	**el piso**
front	**enfrente de**
in front of	**delante de**
left, to the	**a la izquierda**
inside	**dentro**
near to	**cerca de**
next to	**al lado de**
north	**norte**
other side	**al otro lado de**
right, on the, to the	**a la derecha**
south	**sur, sud**
stairway	**la escalera**
straight ahead	**derecho derecho; todo derecho; derechito**
street	**la calle**
underneath	**bajo**
until	**hasta**
up	**arriba**
upstairs	**en el piso arriba**
west	**oeste**

Notes

Notes

Notes

Notes

Notes

Other Ammie Enterprises Publications

A Bilingual Dictionary of School Terminology

This book of sentences and phrases assists school employees who need to communicate with Spanish speaking members of the school population. It provides educators with Spanish vocabulary for all phases of the school environment including the school office, classroom, playground, cafeteria, and nurse's office. This book is useful for registration of students, classroom instruction (including SSL), communicating with parents, nurse's office procedures, etc. It is widely used for teacher training classes.

A Bilingual Dictionary of School Terminology *Audio Cassettes*

The popular **Bilingual Dictionary of School Terminology** is now on tape. Four audio cassettes provide over three and a half hours of instruction in terminology, phrases and sentence patterns. School personnel who work directly with children will find improved fluency and pronunciation as well as an expanded vocabulary by using these tapes.

Reporting to Parents in English and Spanish

A book is a valuable tool for assisting school personnel in communicating with parents about student progress and achievement, discipline problems, academic recommendations, etc. This book can be used for report card comments (both English and Spanish), notes to parents, parent conferences, and telephone communications.

School Terminology Handbook

This reference book provides school personnel with the words and phrases needed for oral and written communication with students and their families. The first half of the book contains over 50 categories of school terminology. The last half of the book contains the same terminology arranged in alphabetical order so that the reader who needs a specific word can quickly locate it. Several choices of words and phrases are provided where appropriate to allow for regional variations. Use of this book with the **Bilingual Dictionary of School Terminology** (which contains sentence patterns), **Reporting to Parents, Spanish for the School Nurse's Office, School Office Spanish**, etc., for word and phrase substitution will immeasurably multiply the user's ability to communicate. This reference book is an invaluable resource for school personnel regardless of fluency level.

Spanish for the School Nurse's Office

Any school employee who attends to sick or injured children needs access to this resource. This book provides school nurses and other school personnel with the vocabulary needed to communicate with students and with their parents regarding all aspects of student health and safety. The book contains sentence patterns in English and Spanish, sample letters for parents, and vocabulary lists which can be used to construct sentences appropriate for specific situations.

School Letters in English and Spanish

A collection of more than 100 professionally translated letters and forms written for schools and school districts covering situations that require communication between the school and the home. Chapters include *Beginning and Ending the School Year, Policies and Procedures, Student Health and Safety, Student Services, Programs and Placement, Student Activities, Parent-School Collaboration, and more.*

Please call 1-800-633-5544 to place an order or request a catalog.

We look forward to serving you.

Made in the USA
Charleston, SC
15 April 2010